Alleen maar mijn moeder

Trees Roose

Alleen maar mijn moeder

Artemis & co

ISBN 978 90 472 0306 3

© 2012 Trees Roose

Omslagontwerp b'IJ Barbara

Omslagillustratie privébezit auteur

Foto auteur © Peter Tahl

Verspreiding voor België:

Veen Bosch & Keuning uitgevers n.v., Antwerpen

Voor mijn broertje

Vannacht verscheen in een droomgezicht mijn oude moeder,
eindelijk eens goed gekleed:
boven het woud waarin zij met de Dood wandelde
verhief zich een sprakeloze stilte.
Ik was niet bang. Het scheen mij toe dat ze gelukkig was
en uitgerust.
Ze had kralen om die goed pasten bij haar jurk.

Gerard Reve, 1962, Verzamelde gedichten

*

Ik heb een zwart-witfoto met een ouderwets kartelrandje van de man die mijn vader is. Uren heb ik daar vroeger naar getuurd en gewacht tot er een dochtergevoel zou komen. Niets natuurlijk, maar hoe kun je ook weten waar je naar zoekt? Voor een vaderloze is die dimensie een onpeilbaar zwart gat.

Op die foto draagt mijn vader een ouderwetse slobberpantalon, een overhemd met mouwophouders en een stropdas. Hij heeft strak achterovergekamd dun haar en een vage glimlach op een redelijk fijnbesneden gezicht, en hij zit op zijn hurken naast mij. Zijn lichaam was toen halverwege de dertig, warm en levend, en met die armen die daar zo losjes op zijn knieën rusten, heeft hij me vast weleens opgepakt. Ik sta braaf naast hem, vijf jaar oud, verlegen lachend, ogen dichtgeknepen tegen de zon, mijn mooiste jurkje aan, handjes op de rug. Daar weet ik niets meer van. Ik heb dus geen flauw idee hoe het voelt om een man te kennen die je vader is.

Ik mijmer er weleens over. Dan zie ik een dickensiaanse huiskamer waarin een ietwat gezette man in een grote leunstoel zit. Hij heeft een kalotje op zijn hoofd, rookt pijp en leest een boek bij het licht van een gaslamp. Het boek? Dat gaat over het kweken van Engelse rozen, want daarin is mijn fantasievader bijzonder geïnteresseerd. De kleuren in die kamer zijn voornamelijk donkerrood en oker. Hij kijkt vriendelijk over zijn brilletje als zijn dochtertje de kamer binnenkomt, want voor haar heeft hij altijd even tijd. Uiteraard heeft hij nooit onoorbare gevoelens voor zijn kind. Kijk, dat zou een fatsoenlijke vader kunnen zijn.

Ik heb nog nooit een levende man gezien die door een eventuele vaderballotage zou komen. Neem de eigenaar van de elektronicawinkel of de controleur van de gaswacht: alleen al het idee dat iemand met bruine tanden of een klamme bilspleet boven zijn broekrand een vader zou kunnen zijn. Onbestaanbaar.

Mijn jonge, frisse, glimlachende vader weet daar op die foto niet dat hij een paar maanden later met zijn hersenen uit zijn schedel naast een boom zal liggen, morsdood. En behalve die foto heb ik alleen maar mijn moeder, en daar zit ik vandaag mee in de auto.

*

Mokkend kijkt ze naar buiten wanneer we de parkeerplaats van het ziekenhuis oprijden. Er waait een straffe novemberwind. Mijn moeder stapt de auto uit, huivert. Een knokige, magere, oude vrouw met te kort geknipt witgrijs vlashaar waardoorheen je haar schedel kunt zien, een scherpe neus. Haar bleekblauwe kleine ogen kijken argwanend in het rond.

'Niet zo hard lopen,' zegt ze als we over de grote parkeerplaats naar de ingang wandelen. 'Mijn buik!' Ze is van plan, zegt ze, om in de spreekkamer van de specialist niet gewoon op de stoel te gaan zitten, maar expres opvallend te gaan ijsberen. Ook wil ze met een pijnlijk gezicht van de ene bil op de andere gaan zitten. Opzettelijk, want ze kan best stilzitten. Dat ze hier en nu geholpen moet worden zal godverdegodver de persoonlijke kwestie worden van die dokter. Heette je maar Beatrix, foetert ze, dan lag je op dit moment in een eersteklaskamer met personeel en verse koffie. Nee, sterker nog, dan was je allang van boven tot onder beklopt, geopereerd én genezen. Ze is bang voor ziekte en zegt met richtingloze wanhoop: 'Ik zal het hem weleens goed laten merken.'

Als we de hal binnenschuifelen, melden we ons bij de receptie. Serviel haalt ze haar patiëntenkaart tevoorschijn om te vragen waar we heen moeten. De manier waarop ze zich, met haar hoofd schuin, bejaard en wel, onderdanig en vol onbegrip overgeeft aan de dictatuur van het ziekenhuis, met zijn dokters en witte jassen, maakt me razend.

*

We stappen in de lift.

Het tafereel herhaalt zich als we boven komen en er een nieuwe balie verschijnt waar we ons moeten melden. Met haar kippige ogen schuift ze een volstrekt overbodige papierberg naar de verpleegkundige, die zegt: 'U mag naar de wachtkamer. Dokter komt u zo halen.'

U mag.

Dokter.

Dokter zonder lidwoord. Omdat het een oude vrouw is, spreken ze haar zo toe. De verdovingsdeskundige blijkt een Italiaanse dokter met een komisch operetteaccent die de nuances in haar verhaal totaal niet begrijpt. Mijn moeder is voor hem alleen een krabbel in zijn agenda, om 9.10 uur.

'Het beste lijkt mij een ruggenprik,' zegt hij routineus, terwijl hij deze optie al aankruist op zijn papier vol doorhalingen en verbeteringen. 'Ook gezien uw leeftijd. En dan halen wij die blaaspoliepen subito weg.' Hij ziet niet hoe ze wit wegtrekt en haar mond versmalt tot een snerperige streep.

Ruggenprik.

Voor haar is dat een botte naald van dertig centimeter, die roestig en wel met een voorhamer dwars door haar ruggengraat geslagen wordt. De ruggenprik is voor haar het symbool van de wereld waar ze niets van begrijpt. Vraag mijn moeder wat het meest angstaanjagende is voor een bejaarde in de moderne wereld, en ze zal zeggen: de ruggenprik. Naar argumenten en verstandige verhalen wil ze niet luisteren. Kan ze niet luisteren.

*

Twee weken geleden belde ze me midden in de nacht met een benauwd en vermoeid stemmetje. 'Ik ben bang en ik heb zo'n buikpijn.' Ik kleedde me snel aan en reed naar haar bejaardenflatje. Toen ik binnenkwam, zat ze spierwit in een stoel in haar ochtendjas, met een dikke handdoek onder zich. De kleine huiskamer was warm en benauwd en ze bloedde van onderen. Ik belde de dienstdoende arts van de huisartsenpost en na veel aandringen stond er anderhalf uur later een doktersauto met chauffeur-bodyguard voor de deur. De piepjonge arts onderzocht haar en constateerde een blaasontsteking. Ik twijfelde. Zoveel klachten van een simpele blaasontsteking? 'Dat kan gerust hoor,' zei het jonge baasje. 'Meteen beginnen met medicijnen, binnen twee dagen is ze prima opgeknapt.' Na drie dagen kon ze niet meer lopen, het bloedverlies was alarmerend en de huisarts stuurde haar door voor foto's. Blaaskanker.

*

De Italiaan probeert een vertrouwelijke sfeer te scheppen en klopt mijn moeder op haar magere schouder. 'Het komt wel goed,' spreekt hij welwillend, 'maar ik wil uw rug even zien.' Hij trekt haar truitje omhoog en inspecteert haar magere achterkant. Haar ondergoed zit verfrommeld om haar rug. 'Bukt u eens,' verordonneert hij, en gehoorzaam kromt ze haar ruggengraat. Routineus laat hij zijn vingers tussen haar wervels glijden en hij schrijft iets op. Angstig kijkt ze naar het papier, en vandaar omhoog naar de dokter.

'Die ruggenprik zal prima gaan en dat is ook beter voor uw hart. Narcose is slecht voor oude mensen.'

'O,' zegt ze.

'Goed zo, dan mag u nu terug naar de wachtkamer,' zegt de arts, en hij geeft het staande soort doktershand waarbij de linkerhand de witte jas bij de knopen dichthoudt, en de rechter hoog vanuit de schouder, met de elleboog iets omhoog gericht, een patiëntenhand schudt. Als ze strompelend de deur uitgaat is hij al verdwenen door een andere deur, achter hem, naar een kamer waar het volgende vlees op hem wacht. Op de gang zegt ze meteen: 'O nee, geen ruggenprik, dan maar geen operatie. Daar begin ik echt niet aan.'

Het is meer dan tachtig jaar goed gegaan, maar we zijn uiteindelijk dan aanbeland in de wereld van de witte jassen en de machinerieën van het medisch apparaat. Willoos sleept mijn moeder zich van gesprek naar gesprek in het ziekenhuis. Ze spreekt de mensen die er werken aan met 'dokter' en 'zuster' en hoort hen aan alsof ze goden van een andere planeet zijn. Maar ook de intakezuster kan de zaak niet bespoedigen, zodat we naar haar huis gaan. Met bloedende blaaskanker.

*

Toen mijn moeder mijn vader tegenkwam was ze twintig en had ze bolle wangen, een ouderwets filmsterrenkapsel met krullen en schuifspeldjes, een mond vol slechte tanden en een baby van een Duitse soldaat in haar buik. Dat laatste wist toen nog niemand, zijzelf al helemaal niet. Mijn vader had een chagrijnige moeder die dagelijks de wandelstok van mijn stille opa in de boenwas zette en stofdoeken om de stoelpoten knoopte zodat ik daar geen krassen kon veroorzaken met mijn schoenen. Het huis was donker en vol met koper, en bij de thee moest ik dank je wel zeggen tegen een droge beschuit met niks erop, die ze met een metalen houdertje omhooghaalde uit een glazen bus. Zij vonden mijn moeder geen goede partij, vanwege die baby waarschijnlijk, en omdat ze zichzelf van stand achtten. Mijn vaders vader was een stijve landmeter, mijn moeders vader een ploeterende timmerman met elf kinderen. Bij mijn moeder thuis vonden ze mijn vader maar een afstandelijke man met zijn verwaande spraakje. Stijf in de omgang, geen vlotte vent: hij kon nooit eens leuk meelachen als haar broers grapjes maakten. Dat nam mij eigenlijk wel voor hem in. Mijn ooms zijn namelijk verschrikkelijk flauwe moppentappers.

*

Vlak na ons bezoek aan de Italiaanse dokter ga ik naar haar toe. Ze zit witjes en ongemakkelijk op haar stoel bij de televisie. De leesloep-met-lamp die ze gekregen heeft, hangt werkeloos aan de muur, en ze kijkt met een zonnebril op naar een tenniswedstrijd.

Ze heeft een uitgesproken irrationele voorkeur, maar

vooral afkeur van bepaalde spelers. Agassi is een kwal, Krajicek heeft te veel verbeelding en wat die donkere zusjes Williams doen, heeft niets met tennissen te maken, want zoals die zwarten de hele dag in het fitnesscentrum zitten om vervolgens alleen maar harde ballen te lellen, dat kan iedereen. Bovendien, alleen als er geld te halen valt, willen die zwartjoekels wel in beweging komen, en anders niet.

Ze loopt voorzichtig naar de keuken.

'Ik plas nog steeds bloed,' zegt ze somber, terwijl ze koffie inschenkt en een schaaltje klaarzet met twee droge kano's erop. 'Ik zit de hele dag thuis te wachten, maar er belt helemaal niemand van het ziekenhuis.'

Geen wonder, want ik bel er dagelijks heen en heb ondertussen ontdekt dat de Italiaanse narcosedokter verkeerde informatie doorgegeven heeft, dat er nog papieren moeten komen van een andere arts die nu nét op vakantie is en dat er twee secretaresses mee bezig zijn die niets van elkaar weten. Ik vertel het haar maar niet, beducht voor haar slechte buien.

Je ziet het bij binnenkomst. De kleine, samengeknepen oogjes, de iets te harde klap waarmee de kopjes op de tweedehands natuurstenen salontafel worden neergezet. De truc is dan om met een neutraal onderwerp het gesprek te beginnen, en vervolgens te peilen hoe ze erop gebrand is daar een negatieve draai aan te geven. Dat vindt ze soms gewoon lekker. Niet dat het me veel kan schelen. Het is meestal ook zo weer over, net als bij een klein kind.

En uiteindelijk komt het allemaal voort uit angst en verwarring.

*

Mijn moeder woont na veel omzwervingen bij mij in de buurt, in dezelfde straat zelfs, die gelukkig vrij lang is. Ik heb het zelf aangehaald door haar attent te maken op het rustige bejaardenappartementje met balkon en leuk uitzicht. Het is niet zo vanzelfsprekend als het hier staat. Iemand die een kind gebaard heeft is een moeder, dat is ontegenzeggelijk waar. Ik moet toegeven, ze heeft me nooit geslagen, ze heeft me gevoed, in slaap gewiegd en ze heeft me gekleed. En ik weet dat ze het goed heeft bedoeld. Maar dat is het dan ook wel.

*

Mijn moeder is geen moeder die meteen warme armen om haar kind heen slaat als het ongelukkig is; dat veroorzaakt bij haar eerst golven van paniek. 'Maar je redt je toch wel, hè?' vraagt ze ook nu nog bang als ik tegenspoed heb. Ik weet niet beter dan dat zíj getroost moet worden als ik ongelukkig ben, en dat ik haar dan uitgebreid moet verzekeren dat alles best meevalt. Als ik ziek ben of gedeprimeerd vertel ik haar niets. Dat is beter, anders krijg ik haar angstige onmacht er ook nog bij. Dat begon geloof ik al met de futiele maar vreselijke kwestie van het Noodlottig Verdwenen Puzzelstukje.

De eerste dag op de katholieke bewaarschool Sint Rosa. Ik stapte in mijn eentje naar school, omdat mijn moeder had gezegd dat ik dat best kon. Later vermoedde ik dat ze er als een berg tegenop had gezien dat ik me huilend aan haar zou vastklampen. Dat vermeed ze liever. Ik kwam bij het grote gebouw waarvan de deuren leken op gezichten: het ijzerbeslag boven en onder waren de wenkbrauwen en een samengeknepen mond, en de raampjes waren ogen, ogen van glas.

Voordat ik die deur door liep, moest er een hek worden geopend met een grote sleutel, en al die tijd keek ik omhoog, naar een ingemetselde roos boven de deur. Het gebouw was zwaar van baksteen, gesloten, maar de roos die in een vierkant van wittige stenen was gevat gaf mij hoop op enige lichtheid, daar achter die deur. Zo erg kon het niet zijn.

Stilletjes liep ik naar binnen. In de klas hing een geur van wit en schoon, en ik ging aan een tafeltje zitten met een gehaakt kleedje erop. Het stoeltje was van hout, hard, maar naast mij zat mijn allerbeste vriendin Nellie. Gelukkig. Bedeesd keek ik naar de vrouw voor de klas die een kap op had en een zwart-wit kleed droeg dat over haar glimmende zwarte schoenen viel.

'Kinderen, zeg maar: "Goedemorgen, zuster Gratiosa,"' zei de vrouw.

De meeste kinderen riepen met schrille stem: 'Goedemorgen, zuster Gratiosa.'

'En nu gaan we eerst bidden.' De zuster deed haar ogen dicht en vouwde haar handen. Ik keek naar het witte gezicht met de doorschijnende huid en de strenge mond en besloot dat zij niet behoorde tot de categorie mensen die ik tot dan toe had ontmoet: vrouwen, mannen, kinderen. De zuster ging achter haar lessenaar zitten en keek de klas rond.

'Wie weet hoe je mooi kunt zitten?' Haar ogen priemden achter haar brillenglazen. Vorsend keek ze rond, een jongetje riep wat.

'Kom jij maar eens hier,' zei ze. Haar blik was neutraal, alsof ze dit had verwacht. De jongen, gekleed in een korte lederhosen met galgjes over zijn schouders, schuifelde naar voren en bleef met zijn hoofd naar beneden voor haar tafel staan.

'Als wij hier iets willen zeggen, steken we eerst onze vinger op,' zei ze. 'Zo, kijk.'

Ze deed het voor en keek de klas weer rond. In een oud Bijbelboek van mijn opa had zo'n prent gestaan. Een vertoornde engel met geheven arm die mensen wegstuurde uit het paradijs. We waren doodsbang.

Ik klemde mijn lippen op elkaar en ging mooi zitten, zoals ik dat van de andere kinderen had gezien. Armen stijf over elkaar op borsthoogte en bovenlijf zoveel mogelijk naar achteren.

'Kijk, dat lijkt erop,' zei de zuster, terwijl ze langs de tafeltjes liep. Ze stopte bij mijn stoeltje en ik rook de koele, droge geur die om haar heen hing. 'Zoek jij maar een puzzel uit.'

Op weg naar huis deed ik mijn handen in mijn schortzakje. Daar voelde ik een van de puzzelstukjes, snel weggestopt toen ik naar de wc moest. Zuster Gratiosa. Heet van schrik gooide ik het bordkartonnen dingetje in de eerste de beste rioolput die ik op straat tegenkwam. 'Ooo!' riep Nellie.

's Middags riep zuster Gratiosa mij bij zich: 'Wat hoor ik nou? Net één dag hier in de klas en dan al meteen onze spulletjes in een put gooien?' Nellie keek me niet aan. De hele middag moest ik op mijn stoeltje blijven zitten en de rest van de week liep ik als een veroordeelde misdadigster naar school. Het was de eerste keer dat ik zoiets voelde, maar ik wist dat ik niks aan mijn moeder moest vertellen. Ze zou zich geen raad weten als ik huilde. En dat wilde ik niet op mijn geweten hebben.

*

De operatie. Ik sta om halfacht 's ochtends bij haar voor de deur en met een piepklein tasje (mijn moeder weet nooit wat ze mee moet nemen) stapt ze in en gaat zitten. Ze legt een kille, klamme hand over de mijne en zegt: 'Daar! Voel je dat? Ik kan niet meer warm worden – van de zenuwen.' Ik wil die hand niet, ik wil geen lichamelijk contact met deze vrouw die mijn moeder is.

Soms is ze emotioneel, als ik op vakantie ben geweest bijvoorbeeld. Dan heeft ze zich drie weken lang 's nachts liggen inbeelden dat ik in een ravijn ben gestort of gecrasht langs een buitenlandse snelweg lig, zodat het voor haar een regelrechte bevrijding is als ik heelhuids terug ben. Als ik binnenkom wapen ik me al, want ze omhelst me dan veel te stevig, drukt me strak tegen zich aan en vertelt met verstikte stem hoe blij ze is dat ik er weer ben. Angst beheerst haar hele leven. Omdat ze weinig begrijpt, is alles te vrezen.

'Ach kind, daar snappen wij toch niks van,' zegt ze zelf vaak, mij gemakshalve betrekkend in haar globale wereldbeeld waarin van alles gebeurt wat voor gewone mensen niet te bevatten is. Per definitie bevinden we ons altijd aan de verkeerde kant. Zo winnen 'wij' ook nooit wat in de loterij, en doen 'zij' maar van alles om haar het leven zuur te maken, terwijl mijn moeder al sappelend te veel ontvangen huursubsidie ad 37,33 euro moet terugstorten aan de belastingdienst.

*

We rijden naar het ziekenhuis, want het is vandaag ruggenprikdag.

'Kijk eens wat een mooie zon,' prijs ik het uitzicht aan. In de vroege winterochtend ligt er een schemerig en koud oranjeroze licht over witte, mistige weilanden.

'Je hoeft mij echt niet op te beuren, hoor. Ik blijf toch bang voor de ruggenprik. Klaar uit.' Met een strak gezicht kijkt ze voor zich uit, haar tasje op schoot geklemd.

Bij het ziekenhuis laat ik haar even bij de ingang staan. Ze heeft haar ouwedamespantoffels aan, omdat haar voeten geen schoenen meer kunnen verdragen. Ik weet niet anders dan dat ze altijd in de weer is met likdoornpleisters. Likdoorn, een scherpe, gedoornde tak die zich kronkelend uit je tenen omhoog wrikt – zo zag ik dat als kind.

Stomme sloffen. Ze koopt haar schoenen altijd bij goedkope discountzaken, maar in die plastic dingen kan ze haar zere voeten nooit kwijt.

We lopen naar binnen en ze legt haar papieren (ook die er niets mee te maken hebben) op de balie bij de receptioniste. Ze houdt haar hoofd weer in een dociele luisterstand als de vrouw vertelt waar we heen moeten, net alsof dit medegedeeld wordt door een schepsel van een hogere orde, iemand die de weg weet in een onbegrijpelijke wereld van buitenaardse wezens.

Boven worden we ontvangen door een zuster.

'U heeft kamer 516,' zegt ze, 'komt u maar mee.' Als we de gang doorlopen, zien we alleen maar mannen. 'Die blijven liever liggen,' zegt de zuster monter. 'Wij vrouwen hebben het gelukkig makkelijker met zo'n slangetje. Bij mannen is dat nou eenmaal eh... pijnlijker.' Ze glimlacht er sereen bij.

Mijn moeder zegt niets. Gelukkig ligt ze alleen. Het is een kamer met twee grote bedden, met boven elk bed een televisie aan het plafond geschroefd. Mijn moeder gaat, amechtig hijgend, op een stoel zitten en ik pak haar spullen uit. In een metalen kast leg ik een truitje en drie witte katoenen onderbroeken, haar ochtendjas hang ik aan een haakje. Meer heeft ze niet bij zich, behalve haar zonnebril, een potlood en een puzzelboekje met doorlopers.

*

De verpleegkundige komt weer binnen. 'Zo, even uw tempe-ratuur en bloeddruk meten, mevrouw.' Routineus doet ze haar werk, terwijl mijn moeder haar argwanend bekijkt.

'Nu krijgt u nog een klein prikje tegen trombose. In de buik.' Mijn moeder doet haar pantalon inclusief degelijke witte onderbroek naar beneden. Nee! Al die jaren heb ik het zo kunnen organiseren dat ik haar niet bloot hoefde te zien. En al die jaren draaide ik me om als ze zich moest omkleden, of ik ging snel de kamer uit als de huisdokter langskwam. Ik voel een onaangename tinteling in mijn maag en staar naar de blote schonkige ouwevrouwenbillen van mijn eigen moe-der. Ze trekt de boel weer omhoog en gaat lijdzaam zitten. Het is tien over acht 's ochtends. De operatie zal om half-twaalf plaatsvinden.

Ze zucht. Ik zeg daar dikwijls wat van omdat ik haar ervan verdenk dat ze zich aanstelt. Ze zit aan een grijs formica tafel-tje gespannen te zijn, buiten is het nog steeds mistig en win-ters, en in de verte kruipen de lichtjes van de snelweg naar de stad.

'Kijk,' zegt mijn moeder. 'Net een trein, hè?'

Ze wringt haar handen en telkens als er op de gang iemand passeert, kijkt ze angstig afwachtend naar de deur, maar er loopt alleen personeel voorbij met brood en koffie. Zij moest nuchter blijven. Later, weer thuis, zal ze kinderlijk triomfan-telijk zeggen: 'Ik had toch stiekem 's ochtends een half bakkie koffie genomen thuis. Lekker hoor.'

Om negen uur komt haar favoriete soap op tv. Ze gaat op haar bed zitten en het lukt haar na enig proberen om de elek-trisch bedienbare bedbodem omhoog te krijgen, in zitstand. Met samengeknepen ogen tuurt ze naar de onbekende af-standsbediening en strekt haar arm uit, zo ver ze kan, naar de tv boven haar voeteneinde, om hem aan te klikken.

Als ik vertrek, zit ze onwennig en smal tegen het grote kussen. Een mager oud vrouwtje met een plastic zonnebril van de Wibra op haar neus.

*

Netvliesdegeneratie – we hebben net een paar weken van brillenparade gehad. Eerst had ze een bril van de oogarts, toen een nieuwe die ze zelf had gekocht, vervolgens een leesloep met een lamp en nu kijkt ze televisie met dat zonnebrilletje. Voor 79 cent is ze innig tevreden.

Mijn moeder staat 's ochtends altijd om zeven uur op om naar een reclamezender te kijken waar oude humoristische dierenfilmpjes worden vertoond. Schaterend belt ze mij dan op om dat te vertellen. 'En daar was zo'n dikke kat, weet je wel, en die lag zo lekker te pitten op de tv, en toen gleed-ie er heel langzaam af, zo, bats op de grond. Hij schrok zich kapot, ik kwam niet meer bij. Dat is nog eens leuke tv, daar is veel te weinig van. Dat mogen ze van mij de hele dag wel laten zien.' Op de televisie is volgens haar verder niks.

Niks?

Nee echt, helemaal niks.

Ook als ze de stad in gaat voor een rok, weet ze binnen een halfuur dat er in de hele stad 'helemaal niks' te vinden is 'voor ons'. Ik ga er weleens tegenin, maar alleen om vilein te observeren hoe halsstarrig ze bij haar standpunt blijft. 'Nou, helemaal niks? Dat lijkt me stug. Waar ben je allemaal geweest dan?'

Ik weet dat ze liefst goedkope modezaken bezoekt waar kunststof kleding hangt onder neonlicht. Expres noem ik de namen van betere winkels. Heb je daar al gekeken? Of daar?

Nee, natuurlijk niet, veel te duur voor ons, doe niet zo raar.

*

Als ik om zeven uur die avond haar kamer binnenkom, ligt er ook nog een andere vrouw. Mijn moeder ligt stil in bed, haar ogen dicht, bleek en breekbaar, met vochtig piekhaar en een infuus in haar hand. Ze heeft toch een narcose gehad, zoveel stennis had ze geschopt over de ruggenprik.

'Het doet zo zeer,' zegt ze, en ze knijpt in de deken. Dan knikt ze naar opzij en zegt: 'Zij heeft hetzelfde als ik.' De andere vrouw heeft haar ogen nog dicht.

'Heb je al gegeten?' vraag ik monter.

Ze knikt en zegt teleurgesteld: 'Ik had boerenkool besteld, maar die was smerig.' Ze praat nog wat haperend. Ik heb bloemen meegenomen, rozen. Ze is dol op rozen en zette er haar kleine stadstuintjes vroeger altijd vol mee. Na verloop van tijd werd het altijd een vreemde ratjetoe van kleuren en soorten, want bij elk tuincentrum dat ze bezocht, kocht ze nieuwe.

'Mooi hoor,' zegt ze. 'Als ze nog nét niet helemaal uit zijn, dan zijn ze het mooist, hè?' Ik prevel het met afgewend gezicht met haar mee, haar rozenmantra.

Thuis heb ik nog een kaartje dat ik haar dik vijftig jaar geleden heb gestuurd. Voorop staat een ouderwetse vaal ingekleurde foto van een roze roos met een waterdruppel erop. Achterop staat in mijn kinderhanenpoten haar adres geschreven. Ze lag in het ziekenhuis omdat mijn halfbroer geboren moest worden – ik logeerde bij de buurvrouw. Later zei ze over die kaart: 'Mooi is-ie, hoor. Ik dacht eerst dat die waterdruppel echt was, joh.' En dat zei ze niet om mij een plezier te doen, bijvoorbeeld zoals je een klein kind complimenteert met een oerlelijke tekening.

Nee, ze dacht het echt.

De rozen die ik nu voor haar heb meegebracht naar het ziekenhuis zijn van een speciale kleur aubergine en geïmporteerd uit Zuid-Amerika. Ze zijn in de winkel artistiek geschikt in een tuiltje met een raffiadraadje eromheen zodat ze mooi boven op de rand van een vaasje passen.

De volgende dag heeft mijn moeder de rozen losgehaald en in een te laag, dik waterglas gezet. De dure bloemen en het bijpassende groen staan raar uit elkaar. 'Zo,' zegt ze tevreden. 'Lekker schoon water en even goed schuin afgesneden. Da's beter.'

Ik sta op straat. De zon is zo fel wit dat je je handen bijna voor je ogen moet houden. Schel en schitterend schijnt het licht door de nauwe straat. Ik draag mijn groene jurk met de rode lapjes erop, en de witte schoentjes met gouden bloemetjes. Er zijn ook andere kinderen, dat kan ik horen, want ze roepen mijn naam. Ik speel met een tol. Ik heb een zweepje met een stukje touw eraan, en een rode houten tol met een mooie bolle kop. Je draait het touwtje eromheen en dan klinkt het geluid van de metalen punt van de tol die tikkelt over de straat – als je tenminste een goed hoekje van een kapotte stoeptegel hebt gevonden om hem in het zand te zetten. Klets, gaat het touwtje, klats – je moet wel op het goede moment kracht zetten. Ik ben er goed in.

Dan ineens roept iemand: 'Hé! Je vader heeft een ongeluk gehad. Hij is dood.'

Ik kijk achter me, in het geruststellende besef dat het niet over mij gaat. Dit is natuurlijk een ander kind, een andere vader. Maar dan zie ik dat ik toch helemaal alleen in dat witte licht sta, alsof er een spotlight op me is gericht. Het beeld loopt vast, ik zie niks meer, ik ben het kind waartegen geroepen is: je vader is dood. Kijk, daar staat ze, in dat rare groene jurkje.

Als ik thuiskom, zit de bakker van de overkant bij mijn moeder op de bank en houdt haar hand vast. Hij heeft zijn hoge witte muts op en is opvallend onhandig, dat kan zelfs ik zien. Hij weet zich geen houding te geven in die huiskamer, waar de dikke groene gordijnen dicht zijn. Het schemert in de kamer, en mijn moeder huilt. Ik sta er stil naar te kijken, een tableau vivant. De dag erna spring ik touwtje op straat, terwijl ik zing: Mijn vahader is dood, mijn vahader is dood. Fanatiek, omdat op de lettergreep 'ha' het touw in de dubbele moet, twee keer onder mijn voeten door. Dat is heel erg moeilijk.

Mijn vader was zijn scooter even gaan uitproberen, zo vlak na de winter. Zijn schedel werd aan flarden gereten toen hij uit de bocht vloog en tegen een boom knalde.

Helm vergeten.

Mijn vader. Ik had graag geweten hoe hij sprak, hoe hij bewoog, hoe hij rook, mij aanraakte. Maar hoe ik ook zoek, ik heb op de vaderplek in mijn hoofd alleen triviale zaken: een herenfiets, een blikje Agré-Gola en een paar bunkerduinen.

In onze gang stond een groot zwart herenrijwiel, met op de bagagedrager een dikke krant en een metalen broodtrommel. De krant zat elke dag achterop omdat mijn vader typograaf was bij *Het Nieuws van den Dag* en hem gratis meekreeg.

Mooi woord, typograaf. Er is een foto waarop hij achter een manshoge machine zit waarin hij de letters moest zetten voor de krant. Hij kijkt trots.

En elke ochtend, als ik nog in mijn bed in het slaapkamertje naast de keuken lag, hoorde ik hem gorgelen met opgeloste Agré-Golatabletten uit een beige blikje met rode letters erop; een vertrouwd geluid. Chronisch last van zijn keel. Nog jaren later kwam er een aparte bittere geur uit het doosje, dat mijn moeder toen voor knopen en spelden gebruikte. Ik haalde het af en toe speciaal uit de naaimand om het luchtje op te snuiven.

Als ik wakker word, waait het blokjespatroon van het dunne gordijn rode en groene vlekjes op het plafond. Het raam staat een stukje open en ik voel de koele ochtendlucht. Ik heb het vaak koud, daarom ligt er een dikke duffelse jas van mijn vader op de doorgestikte deken. Een hele tijd lig ik daar nog. Mijn gezicht voelt fris door het briesje dat onder het gordijn door komt, mijn lichaam is warm onder het zware dek. Een eerste vogel zingt iel tegen de huizen. Dat vind ik prettig, want ik hou van vroeg en stil.

Een rood metalen schepje in een geel emmertje en een groen netje staan klaar in de gang, want we gaan met de trein naar Zandvoort, mijn vader, mijn moeder en ik. Als we daar uitstappen, kijk ik meteen naar de stenen van het plein voor het station. Ze zijn roder dan bij ons, en er ligt verwaaid wit zand overheen dat fijn knerpt onder mijn schoenen. Ik ren vooruit. Er komt een gebreid badpakje uit een rode katoenen tas met een houten handvat. Mijn moeder knoopt met koude, zanderige handen de bandjes vast in mijn nek. Ik hoor de zee, ruik het zilt, en ik moet rennen, rennen naar de golven. Mijn voeten laten kuiltjes achter, af en toe een scherp schelpje in mijn hiel, dan het ijskoude water. Ik blijf staan en kijk naar mijn voeten, die langzaam verdwijnen, alsof ze in drijfzand staan. Dat hou ik vol tot ik begin te wankelen. Mijn vader en moeder zitten in hoge rieten strandstoelen, waar ze de rode tas aan hebben gehangen zodat ik hen terug kan vinden. We hebben ook knalgele bananen bij ons.

Later lopen we door de duinen. Het is erg warm en het zand schroeit onze voeten. We gaan zitten. Ik verlang naar de koele zee, naar wind. Waarom zijn we hier? We kijken uit op een grijs vierkant gebouw met prikkeldraad eromheen, waarachter een stukje van een oude spoorlijn te zien is. Mijn vader praat met mijn moeder.

'Dat is een bunker uit de oorlog,' zegt hij.

Ik weet niet wat die woorden betekenen, maar mijn moeder huivert en er trekt een schaduw over haar gezicht. De lucht is zo onnatuurlijk blauw en het zand zo wit dat het pijn doet aan mijn ogen. Vanaf dat moment zullen zonnige duinen voor mij altijd iets onheilspellends hebben.

Die paar onsamenhangende, banale beelden, dat is dus mijn vader. Herinneringen hebben nu eenmaal niet de neiging om zich betekenisvol te rangschikken in het menselijk geheugen.

Mijn moeder zei altijd: 'Kind, je vader was stapelgek op jou. Toen je pas geboren was, zat hij te zingen in de tram: "Ik heb een dochter, ik heb een dochter!"' Ze vertelde dat zo vaak en zo anekdotisch dat de glans van dat verhaal er snel af was. Mijn moeder, zo leerde ik later, heeft niet zoiets als een gevoelsgeheugen. Ook bij dit verhaal gaf ze nooit details, geen enkele herinnering waarmee ze kon illustreren dat hij zo dol was op zijn dochtertje. Maar ik wilde dat wel heel graag geloven.

*

Op die rampdag moest ze een brief sturen aan haar hele familie. Niemand had telefoon, ze woonden allemaal ver weg. In een schools handschrift schreef ze dus vele malen deze tekst:

> *Lieve broers en zusters,*
> *Hiermede moet ik de droeve plicht vervullen en jullie mededelen dat mijn lieve man vanmiddag tengevolge van een noodlottig ongeval om het leven is gekomen. Het gebeurde met de scooter, om ongeveer kwart voor twee. Om twee uur was ie dood. Schedelbasisfractuur. Nader bericht volgt nog.*
>
> *Je diefbedroefde zusje*

Op het katholieke bidprentje stond: 'Zijn heengaan, zo plotseling, en volgens menselijke begrippen veel te vroeg, moge ons tot nadenken stemmen. Gods roepstem is onverbiddelijk en het tekent kracht, deze te kunnen eerbiedigen en het offer, hoe zwaar ook, te aanvaarden. Laten wij daarom niet bedroefd zijn, maar ons verheugen zulk een man en vader te hebben gehad. Moge de eeuwige vreugde waarnaar eenieder streve, hem niet worden onthouden en hij de voorspraak zijn voor hen, die achterbleven.'

Mijn moeder durfde haar man niet te identificeren, dat had ze aan haar broer gevraagd. Mijn vader lag slordig in de kist, een beetje op zijn zij, met zijn gescheurde leren jasje nog aan, en bloed op zijn kapotte hoofd. 'Alsof hij er zo ingegooid was,' zei mijn oom. Misschien is hij ook wel zo begraven.

Ik bekijk haar ouderwetse handschrift op het lijntjespapier en zie haar al die brieven schrijven aan de keukentafel, nog maar dertig jaar oud, terwijl haar man in het mortuarium ligt. Wat als...? De eeuwige vraag die blijft. Wat zou er van mij terechtgekomen zijn als hij was blijven leven? En van mijn moeder?

Maar die zondag om twee uur was alles afgelopen, 'was ie dood'.

In elk geval zaten we financieel meteen aan de grond. Mijn moeder nam een baantje als winkeljuffrouw en schoonmaakster bij groenteboer Dankers, een pezig mannetje met twee bleke dochters, een tandeloze vrouw die aan de jenever was en een gladharig wit hondje dat Tippy heette. In zijn zaak aan de overkant rook het koel naar aarde en groen, en 's zomers kreeg ik van hem dubbele waterijsjes en flesjes knalrode Exota, als ik tenminste in de buurt flink wat oude kranten voor hem had opgehaald. Daar vouwde hij voor zijn klanten spruitjes en zanderige aardappels in, die hij met een houten schep uit een grote bak haalde. Van Dankers kreeg mijn moeder 's zaterdags de verlepte groente mee die de maandag niet meer zou halen.

Ook werden als thuiswerk elke week dozen vol papieren decoraties bij ons bezorgd. Daar zat een groot roestig blik bij met een keiharde gele massa erin. De lijm. Een uurtje later pruttelde het gloeiend hete spul op het gas en hing er een prikkelende chemische lucht in de keuken. Mijn moeder legde dan de vrolijk gekleurde hoedjes in waaiervorm op oude kranten en bestreek ze met de kokende lijm. Ze had daar een grote handigheid in. Ik plakte de rode en gele strookjes eromheen, met aan de voorkant pomponnetjes. De feesthoedjes hadden mooie kleuren, diep glanzend rood en groen. Ten slotte plakte ik er dunne elastiekjes aan, die werden vastgezet met witte papieren sterretjes aan de binnenkant. De dag daarna had ik blaren op mijn handen.

Mijn moeder en ik waren lange tijd zo samen, en ik herinner me niet dat we toen erg ongelukkig waren. Het was voor iedereen sober leven, hard werken, jaren vijftig, niemand had wat, het viel niet op. Het leven was zoals het was.

Maar een paar jaar later leerde mijn moeder tijdens het dansen in de stad rare Arie kennen en ze raakte zwanger van hem. Arie was perser bij een joodse kleermaker in de stad, en een heel stuk jonger dan mijn moeder. Hij was klein van stuk en had zwart haar dat glom van de Brylcreem. Hij leek wel een Italiaan. Ik was negen jaar, wilde dat alles bleef zoals het was, en ik wilde zeker geen moeder die een baby kreeg van een vetkuif. Op school kwam hoofdzuster Marie-Bernadette met een ondefinieerbare glimlach op me af, op de grote stenen trap, waar iedereen het kon zien.

'Ik hoor dat je een broertje hebt gekregen. Daar ben je vast wel blij mee?'

'Ja, zuster,' zei ik timide.

'Is je moeder weer getrouwd dan?' vroeg ze met dezelfde glimlach. Haar adem rook naar ochtendkoffie en slecht gepoetst jarenvijftiggebit. Ik voelde ongrijpbare nattigheid.

Vader dood, moeder niet getrouwd, ik zat klem. Razendsnel vlogen mijn gedachten heen en weer, en in een warboel van klokken en klepels zei ik radeloos: 'Nee hoor, zuster. Dat was gewoon nog een zaadje van mijn vader. Dat zat daar nog, hè.'

In het Florapark speelden Nellie en ik doktertje met takjes en blaadjes, waardoor ik onder die grote struiken goed kon bekijken hoe dat er allemaal uitzag in die geheimzinnige wereld van onderen. Hoe baby's daar precies in en uit moesten, daar wist Nellie dan weer alles van. 'Dan komt er een man bij je en die is heel lief voor je. Hij gaat je overal aaien en dan komt er een kindje.' Dat aaien vond ik al een dusdanige erotische voorstelling van zaken dat ik er avondenlang wild over aan het fantaseren sloeg. Spelend langs het Noordhollands Kanaal vertelde ze alle opwindende details, maar ze fluisterde ook in mijn oor dat meisjes op die plek geen twee, maar drie gaatjes hadden. Drie? Ik was verbijsterd, wilde het niet geloven, maar keek 's avonds met een spiegeltje heimelijk tussen mijn benen. Het was de grootste openbaring ooit. En als de jongens uit de buurt in het kanaal zwommen, gluurde ik vanuit mijn ooghoeken naar de bobbels in hun zwembroek. Nellie had het eens bij haar vader gezien en vertelde daar allerlei curieuze details over. Ik gruwde. Een man met ballen, en een rare pik met haar erop, en dat is dan je pa.

Gadverdamme zeg.

Blij dat ik geen vader had.

Elviskuif Arie was een simpel voorbeeld van een man die nooit door de vaderballotage zou komen. Op een zondag kwam ik uit bed en hoorde bekende geluiden. 'Teringwijf!' riep dronken Arie in de keuken. Bonken, klappen en onderdrukte protestgeluiden. Ik deed voorzichtig de deur open van het kleine slaapkamertje dat aan de keuken grensde. De man stond daar in zijn onderbroek, waarvan de gulp open stond. Daardoor had ik voor het eerst bijna helemaal zicht op een echt mannelijk geslachtsdeel. Het fascineerde mij, ondanks de situatie, dermate dat ik mijn ogen er iets te lang op gericht hield. 'Kijk voor je, secreet,' schreeuwde hij, en hij gooide een pan in mijn richting. Nog net op tijd trok ik de deur dicht. Mijn moeder stond ernaar te kijken met een wat afwezig gezicht, alsof ze netjes wachtte totdat hij verder zou gaan met slaan. Ik hoorde nog net dat ze zei: 'Vraag of buurvrouw komt.' Haar stem klonk verwrongen, alsof ze geen paniek wilde laten horen. Ik klom uit het slaapkamerraam en sprong over het hekje van de buren, in mijn pyjama.

Hoe dat is afgelopen, ik weet het niet meer.

Op een dag reed er een auto de straat in. Ze gingen trouwen. Ik schaamde me zo dat de hele buurt rare Arie zou zien, dat ik met mijn capuchon op achter in die auto ging zitten. En hoe ik ook mijn best doe, ik kan verder geen enkel beeld van die bruiloft uit mijn geheugen persen.

'Zo leuk,' zei mijn moeder op een dag tegen Arie. 'Ik heb een prijs gewonnen bij de voetbaltoto. Hebben wij ook eens wat.' En zodoende kreeg ik eindelijk de door mij felbegeerde rode regenjas met zwart-witte pepitavoering en bijpassend regenkapje uit de etalage van C&A op het Damrak.

Ze vertelde mij toen ook dat we een supermodern nieuw bankstel zouden krijgen, en ze zei er met een geheimzinnige glimlach bij: 'Moet jij maar eens opletten als de salontafel komt die erbij hoort. Daar zit een grote verrassing aan.' Wekenlang bedacht ik 's avonds in bed wat dat zou kunnen zijn, en ik zag iets voor me met de allures van het sprookje tafeltje-dek-je. Erg gehecht was ik aan de oude, kolossale groene bank die bijna de helft van het huiskamertje in beslag nam. Op de brede armleuning speelde ik schipbreuk. Dan liet ik me zo ver als ik durfde achterwaarts van de leuning glijden, tot ik bijna met mijn hoofd de grond raakte. Vlak voordat je viel jezelf weer optrekken, dat was de kunst.

Maar op een dag stond het er, een fris jarenvijftigbankstelletje met dunne teakhouten leuningen en grijsblauwe stoffen bekleding. Absoluut geen schipbreukbank. Ik keek meteen naar de salontafel, een gladhouten tafelblad op moderne dunne pootjes.

'Kijk,' zei mijn moeder, en ze draaide het tafelblad om. 'Hij kan aan twee kanten gebruikt worden! Leuk hè!' De onderkant had een witte formicalaag, met daarin een hoekje in mozaïek gelegde steentjes. Dat was alles.

Er hoorde ook een wollig zachtgrijs vloerkleed bij, waar ik met Nellie op zat toen ik jarig was. Er kwam een metalen toverlantaarn uit de kast, want we zouden plaatjes kijken van een sprookje. Ik gooide een glas ranja om en schrok daar heel erg van. Toen ik de oranje plas langzaam het zachte, nieuwe kleed zag binnen kringelen, ging ik er meteen op zitten, waarbij ik mijn rok omhoogschoof. De gedachte hierachter was dat de limonade door mijn ondergoed geabsorbeerd zou worden en dat mijn moeder het niet zou zien. In plaats daarvan zat er meteen in de eerste week al een gemene oranje plek in het tapijt die er nooit meer uit zou gaan.

'Had dat gadverdarrie nou meteen gezegd!' zei mijn moeder.

*

Later bleek mijn moeder alles verzonnen te hebben, van die prijs. Ze had in het geniep een forse lening bij een bank afgesloten, en bij het afbetalen liep het spaak. Daarom was Arie zo kwaad geworden. Daar kwam nog bij dat hij steeds vaker op zaterdagmiddag niet thuiskwam uit zijn werk, maar met een leeg bruinpapieren loonzakje pas de zondagavond daarna aan kwam zetten, stinkend naar kroeg en kots, om dan in de keuken eieren te gaan bakken terwijl hij luidkeels zong: 'Ik ben Mina Bakgraag.' Maar dat deed hij alleen als hij een vrolijke dronk had.

Mijn moeders relatie met geld was een lastige. Het was er niet, en dan was ze ontevreden, of het was er wel en dan brandde het in haar zak.

Ze begreep ook niet dat er in de wereld armoede moest zijn. 'Waarom kunnen ze niet gewoon voor iedereen geld drukken?' klaagde ze vaak. 'Dan is het probleem toch opgelost?'

Zelf had ze ergens in haar leven besloten dat ze niks te kort zou komen en ze bestelde zodoende jarenlang volop uit de postordercatalogi die met kilo's tegelijk ons huis binnenkwamen. Als de zakken met kleding bezorgd werden, was ze blij en opgetogen. Maar als ze een paar maanden later de kleding niet meer droeg, werd ze flink chagrijnig van het afbetalen.

*

Ik ben nog klein. De bel gaat en ik loop naar de deur. Mijn moeder heeft uit het raam gekeken en haastig de vitrages dichtgetrokken. Ze fluistert: 'Niet opendoen, laat maar bellen.' Samen staan we tegen de muur gedrukt, op een plek in huis waar niemand ons van buitenaf kan zien. Er wordt nogmaals gebeld. Een buurvrouw roept buiten: 'Volgens mij zijn ze gewoon thuis, hoor.' Mijn moeder zegt: 'Doe maar open. Zeg maar dat ik weg ben.' Ze verdwijnt in de gangkast.

'Nee!' roep ik.

'Vooruit!' klinkt het gedempt uit de kast.

Ik doe de deur open en zie een man met een leren jas aan en een glimmend nieuwe solex. Hij heeft een map met papieren bij zich en vraagt: 'Is je moeder thuis?'

'Nee.' Ik schud mijn hoofd.

'Het zal wel weer niet,' zegt de man zuchtend. Hij kijkt wantrouwig de gang in, maakt een aantekening en verdwijnt.

Mijn moeder komt de kast uit en vraagt: 'Waar was-ie van?'

Weet ik veel. Er komen zoveel van die mannen aan de deur en geld is er nooit.

Eenmaal bulkte ik zelf van het geld, toen ik op een braak industrieterrein in de buurt oud koper had gevonden. 'Kun je verkopen,' zei Nellie, 'bij een vent aan de Meeuwenlaan.' We liepen met een doos vol naar een sloper, die gretig naar de inhoud keek. 'Waar hebben jullie dat vandaan?' We kregen vijf gulden, elk. Op de markt aan het Mosveld kochten we snoepkettingen en plastic neusfluitjes. Toen ik met de prullaria thuiskwam, vroeg mijn moeder hoe ik eraan kwam. Ze zei: 'Vijf gulden, toe maar. Die had ik ook wel kunnen gebruiken.'

Schuldbewust gaf ik haar mijn laatste kwartjes.

*

Ik bel haar nu elke dag even op en de voornaamste conversa-
tie gaat over plassen, niet kunnen plassen, de katheter, het
schrijnen van onderen en het eten in het ziekenhuis. Na twee
dagen loopt ze rond met de urinezak als een boodschappentasje aan haar arm, vanuit die positie ontspannen converse-
rend met lotgenoten in de conversatieruimte en het rookhok.

Ze heeft ook warme gevoelens opgevat voor een vrouw die
aan het eind van de gang ligt. 'Dat vrouwtje heeft het zo moeilijk. Haar hele blaas moet eruit, ze krijgt een stoma.' Ze kijkt
min of meer tevreden naar de zak urine aan haar arm. 'En dan
weet ze nog niet eens dat ze 's nachts een zak aan haar bed
moet hangen. Haar hele leven lang.' Hoe mijn moeder dat
dan wel weet, geen idee. Als ze weer thuis is, zoekt ze de vrouw
nog eens op in het ziekenhuis. Volgens mijn moeder was ze in
tranen toen ze binnenkwam, en had ze gezegd: 'Zoveel hebben het al beloofd. Maar jij, jij doet het ook echt.' Dat vond
mijn moeder wel even mooi, maar verder besteedde ze geen
aandacht meer aan haar medepatiënt.

Mijn moeder is eigenlijk onmachtig tot normale menselijke
communicatie. Ik praat met haar, ik bezoek haar, ik eet soms
met haar, ze is mijn moeder, ik ken haar mijn hele leven, ik
weet niet beter, ik pas me aan, ik doe alles voor haar. Maar
soms spreek ik haar in gezelschap van anderen en dan zie ik
het. De kleine, vaalblauwe oogjes schieten in het rond en ze
luistert tot ze iets opvangt waar ze een mening over heeft.
Computers. Buitenlanders. Gerechten met knoflook. Koningshuis. Verkrachters. Die mening geeft ze en dat is het
dan. Aftasten wat een ander vindt? Nuances? Ga toch weg.

Alleen de koningin van Engeland, daar heeft ze een onnavoelbaar en nimmer wijkend zwak voor, ondanks haar felle antimonarchistische sentimenten. 'Zo'n fijne vrouw, een echte moeder, dat voel je gewoon aan,' zegt ze altijd ontroerd als Elizabeth op televisie is.

Niemand die het begrijpt.

*

Als ik haar bezoek in het ziekenhuis is ze eigenlijk al aardig gewend. Oké, ik ben er, haar dochter, en om die reden wil ze wel even netjes in bed gaan liggen. Maar als ik wegga, na een bezoek vol gezucht en gesteun, loopt ze meteen met me mee de gang op, naar het rookhok. Er moet een man worden op-gevrolijkt die de dag erna wordt geopereerd. 'Zo zenuwachtig is-tie,' zegt mijn moeder genietend. 'Hij rookt wel drie siga-retten in tien minuten. Ik heb hem een beetje opbeurend toe-gesproken.'

Als een volleerd ziekenhuisligster eindigt ze haar verblijf daar. Op de ochtend dat ze eindelijk, na zeven dagen, weg mag, staat ze met haar jas klaar op de gang. Ik pak haar week-endtasje en ze loopt met kleine, voorzichtige pasjes achter me aan, de lift in.

'Wacht jij hier maar,' zeg ik beneden in de tochtige hal. Het is buiten venijnig koud, en de auto is een flink eind lopen.

'Welnee, ben je gek. Eindelijk lekkere frisse lucht,' zegt ze. Tevreden stapt ze achter me aan, op haar pantoffels.

*

We lopen de trap op en ik open haar voordeur. 'Zo, de poes wacht al op je,' zeg ik opgewekt. De zwarte kat die we enkele weken geleden uit het asiel hebben gehaald, komt op ons af lopen. Hij had een lieve, aanhankelijke kater geleken die meteen begon te spinnen als je hem oppakte. Hij gedroeg zich ook voorbeeldig in haar huis, benutte de krabpaal, deed alles keurig op de bak en mauwde alleen als hij wilde eten. Vol lof was ze, maar dat duurde ongeveer een week. Toen kwamen de klachten.

Hij sliep de hele dag.

Het was een sufferd.

Hij speelde nooit.

Hij wilde alleen maar vreten.

Het was een stomme klotekat.

Ik bleef hem bij elk bezoek lafhartig aanprijzen als de ideale bejaardenkat.

'Ach, die slome, daar heb je toch niks aan,' zegt ze nu narrig, en ze installeert zich vlak bij de tv. Ik ruim haar tas leeg, hang haar spullen op en zet koffie. Ze laat het zich aanleunen en zit wat witjes en moe in de beige stoel die ze bij een goedkope meubelhal heeft gekocht. De poten wiebelen en de stof plet zo erg dat op de zittingen wittige plekken verschijnen. Gelukkig ziet ze het niet, haar ogen zijn ook daar te slecht voor. Ze gluurt wat rond in haar huiskamer, drinkt haar koffie, en zegt dan: 'Ik moet zes maandagen achter elkaar terug om de blaas te spoelen met een of andere chemische troep. Daar moet ik een kookwekker voor hebben, want je moet liggen, en elk kwartier draaien.' Ze kijkt naar de stapel papieren die ze op tafel heeft liggen, meegekregen vanuit het ziekenhuis.

'Ja,' zeg ik, 'dat is natuurlijk om te zorgen dat die poliepen niet meer terugkomen.' Poliepen, dat woord had de uroloog een keer gebruikt. Dat klonk onschuldig, als paddenstoelen, onschuldige fungi die je zo even kon plukken, kleine zeeanemonen die onschadelijk met de stroom meedeinden. Tumoren, dat was verderf, bloed, angst en dood. Daar wilden we niks mee te maken hebben.

'Ja ja,' zegt ze in gedachten verzonken, en haar handen klemmen zich om de armleuningen van de stoel. Ik kijk of haar bed opgemaakt is en trek mijn jas aan.

'Red je je wel?' vraag ik met de deurknop al in de hand. Hoe lang moet je bij je oude moeder blijven die net uit het ziekenhuis is gekomen?

'Ga jij nou maar,' zegt ze, 'je hebt al genoeg gedaan, je hebt je eigen bedoening. Ik red me wel.'

De kat streelt langs haar benen. 'Ja jongen, daar was ik weer, hè, daar was ik weer.' Ze pakt hem op en drukt hem veel te stevig tegen zich aan. Hij gromt een beetje.

Ze zwaait niet als ik even later wegrijd.

De dag van ons Grote Weggaan begon merkwaardig genoeg als een gewone dag, zonder bijzondere voortekenen. Het was zaterdagochtend en ik zat op school, twaalf jaar oud, in de eerste klas van de ulo. In de pauze zag ik mijn moeder voor het schoolhek staan met mijn broertje in een wandelwagen. Raar. Ze wenkte me: kom, snel! Ik liep naar het hek, en daar propte mijn moeder mij een papieren rijksdaalder in de handen. 'Wij gaan weg, naar Greet. En we blijven daar. Als jij nou straks ook de trein neemt. Dan zie ik je wel in Breukelen.' En weg was ze. Ik staarde haar verbijsterd na. Weggaan? Ik had me tot dat moment nooit gerealiseerd dat je ergens anders zou kunnen wonen. Wat moest ik doen? Ik wist het niet. Daarom ging ik na school eerst maar eens naar huis, waar rare Arie inmiddels uit zijn werk was gekomen.

'Waar is je moeder?' vroeg hij lichtelijk agressief.
'Ik weet het niet,' zei ik.

Ik ging naar buiten en trof Nellie. We bespraken het dilemma, maar zij wist het ook niet. Later, veel later – te laat – bedacht ik dat ik een keus had gehad, dat ik gewoon Thuis had kunnen blijven. Nu ontliep ik Arie en verdween ik 's middags om een uur of drie stilletjes uit ons huis met alleen een kort jasje aan en twee gulden vijftig in mijn zak. Op mijn kamertje lagen toen op mijn onopgemaakte bed zes volgeplakte Beatle-albums waar ik al anderhalf jaar mee bezig was. Aan de muur hingen met punaises de foto's van Conny Froboes en Cliff Richard. Mijn draagbare rode radiootje met het mooie suède hoesje stond in de vensterbank, vlak boven het rotan stoeltje met glazen tafeltje dat ik voor mijn verjaardag had gekregen. In de huiskamer liet ik de potloodtekening achter die mijn vader ooit had gemaakt van een takje oranje physalislampionnetjes, een kleurig Heilig Hartbeeld en de buizenradio met op het scherm al die geheimzinnige namen die ik zo vaak hardop had gelezen: Bodo, Kalundborg, Vigra, Lahti. De vaas met geurende jasmijntakken uit de tuin op de keukentafel, mijn zilveren bedeltjesarmband in het rozendoosje en mijn complete serie Bigglesboekjes op een rood met zwart Tomadorekje: mijn moeder had helemaal niks meegenomen en ik zou het huis, met alles wat erin hoorde, nooit meer terugzien.

Ik stapte op de pont naar de stad, waar ik op het Centraal Station een enkele reis Utrecht nam. Daar kocht ik bij de pindachinees (een ouderwetse die riep van 'pinda pinda, lekka lekka!') koeken van de paar dubbeltjes die ik nog overhad. Ik wist niet hoe ik in Breukelen moest komen, ik wist eigenlijk helemaal niet hoe het verder moest. Verontrust dwaalde ik rond in de buurt van het station, tot ik plotseling mijn naam hoorde roepen. Greet kwam op me af stormen en greep me bij de arm. Ik herkende haar meteen: de piekharen die ze met een bruin postbode-elastiekje tot een vlassige staart had gebonden, de waterige vissenogen, de slonzige kleding. Met haar schelle Utrechtse accent riep ze: 'Jezus christus, waar was je nou? Ik zoek me 't schompes hierzo!' Ik werd de bus in gesleurd, de stroperige pindakoeken vielen op de grond. Greet was pisnijdig dat ze zat opgescheept met haar stomme dakloze zus en twee kinderen.

In alle jaren die volgden zou mijn moeder steeds naar haar zus Greet gaan als de grond haar bij een man te heet onder de voeten werd, ook al maakten de zussen de godganse dag ruzie. Mijn moeder had niemand anders en heeft ook nooit vriendinnen gehad. Ook nu ze oud is, is er niemand in haar leven, behalve haar kinderen.

Greet woonde met drie kleine kinderen in een tweekamerwoninkje naast het groentekassencomplex waar mijn oom werkte. 's Avonds gingen de meubels opzij en werden er drie matrassen op de grond gelegd, tussen de honden en de katten. Daar sliepen wij. Later werd de schuur voor ons leeggemaakt. Daar druppelde het water op mijn hoofd en kropen er beesten in mijn oor, en in die ambiance schreeuwde Greet bijna elke dag tegen mij. Ze stuurde mij ook naar het dorp om boodschappen te doen, een halfuur fietsen – vaak tegen een straffe wind en een kletsende regenbui in – en ook weer een halfuur terug. Als ik dan thuis was moest ik terug omdat ik een kleinigheidje vergeten was, of ze liet me de hele afwas overdoen omdat een enkel bordje niet helemaal schoon was. 'Je kunt wel zien wat voor verwend kreng jij altijd bent geweest. Nou, dat is hier wel anders.' Als mijn moeder erbij was deed ze poeslief tegen mij en had ze zogenaamd spijt: 'Ach, ik zeg weleens wat, maar ik bedoel het niet zo, hoor.' Er werd snel een school voor mij gezocht, een katholieke meisjesulo aan de andere kant van Utrecht waar ze me uitlachten omdat ik in de snackbar op de hoek in plat Amsterdams een bananenijsje bestelde. Ik had tot dan toe nooit beseft dat ik een accent had.

Mijn moeder maakte in die periode lange dagen bij het drukke broodjeshuis van Ben Bril vlak bij het station in Utrecht. Daar deed ze de afwas. Als ze thuiskwam, had ze altijd een klamme frituurwalm om zich heen hangen en een grote zak bij zich met overgebleven broodjes. 's Avonds in bed at ik vaak veel te veel van die vettige bolletjes halfom en fricandeau met dik roomboter.

*

Ik bel haar de eerste maandag.

'Hoe was het in het ziekenhuis, die spoelingen?'

'Het viel echt mee, en heel lieve zusters daar. Er was er eentje die me helemaal begreep. Ze legde een arm om mijn schouders, weet je wel, en ze zei: Dat zal best allemaal moeilijk voor u zijn, hè? En toen moest ik huilen. Ze zei: Da's heel goed hoor, dat lucht op, laat maar rustig komen die traantjes. Dat mag toch best? Het spoelen viel mee, en naderhand kreeg ik koffie. Echt heerlijke koffie. Er lag nog een man naast me, met hetzelfde. We hebben afgesproken samen eens te vragen wat we nou eigenlijk hebben. Dokters vertellen nooit wat. Dat zei de zuster ook al, en die man ook. Ze was stomverbaasd dat ik zo weinig wist over wat er ging gebeuren. Maar ik kom er wel achter. Daar heb ik toch recht op?'

Twee weken later heeft ze een boekje meegekregen van het ziekenhuis. Ze belt me op en zegt op dramatische toon: 'Zeg, het is een chemokuur die ik krijg. Ik heb kánker! Maar ze zeiden tegen me dat je goedaardig kwaadaardig hebt en kwaadaardig kwaadaardig. En gelukkig heb ik goedaardig kwaadaardig. Maar je snapt wel dat ik even heel slecht slaap nu.'

'Maar de meeste kankers kunnen ze genezen, hoor,' zeg ik snel. 'Het is niet meer zoals vroeger dat je overal maar meteen aan doodgaat.'

'Maar toch. Kanker hè?' Ze zwijgt even.

'Nou ja,' zegt ze dan, 'je kan niks anders doen dan afwachten. En je leeft gezond. Je drinkt veel, je gaat vroeg naar bed, je perst sinaasappels uit, wat moet je nog meer doen. Maar wat je wel hebt is zo'n zeurderig gevoel van onderen. Kijk, dan ben je toch ongerust, da's logisch.'

In de tweede persoon is het veilig.

Je doet wat je kan. Je slaapt er niet van. Je hebt last met lopen. En je gaat allemaal dood, maar daar heb je nou nog helemaal geen zin in.

Met kerst sta ik voor de deur met een pakje in mijn hand met glimmend rood en zilver papier. Hier kan ze niets op aan te merken hebben, want ik weet dat ze klaarzit, met haar mooie blouse aan en een glimmende ketting om. Met de zoemer opent ze de deur van het portaal, en het eerste wat ze van boven aan de trap roept is: 'Ik dacht dat je niet meer kwam.'

'Hoezo?' vraag ik, terwijl ik naar boven loop.

'Je komt altijd zo laat, op het laatste moment. Ik vind het gezellig om ook eens even te praten. Daar is nooit tijd voor bij jou.'

Ik leg mijn presentje op tafel. 'Nou, vind je het leuk dat ik er ben of niet?' vraag ik lichtelijk agressief. Ze antwoordt niet maar reddert wat in de keuken.

Even later zitten we samen aan de salontafel. De waxinelichtjes branden, de kerstboomlampjes zijn aan en de kat slaapt op zijn stoel.

We weten niet veel te zeggen.

*

Tweede kerstdag, we eten hazenpeper bij mij thuis.

'Wát eten we?' had ze gevraagd toen ik haar dat aankondigde. Haar gezicht vertrok meteen. Ik serveer het gerecht in een mooie terrine, met aardappelpuree uit de oven en alle groentes die ze lekker vindt.

Ze neemt een hapje van het vlees en rilt van walging. Ze komt uit een gezin waar ze 's maandags sperziebonen aten, dinsdags prei, woensdags zuurkool, en zo elke week hetzelfde. Het meest exotische wat ze zelf vroeger voor mij maakte was nasi van Suzi Wan. Dat hield in dat ze een groot blik nasi een uur in een pan kokend water legde, daarna de kleffe inhoud op een bord liet glijden en er een gebakken ei overheen deed. Ik vond dat trouwens erg lekker. Later maakte ze ook weleens macaroni, met gehakt en kruiden uit een zakje. Haar kracht ligt in aardappeltjes, rode kool en een Hollandse gehaktbal, en op hoogtijdagen ligt er een rollade op tafel, met daarbij drie soorten groente (bonen, spruitjes en lof). Maar dan moet het echt feest zijn. Voor het nagerecht zet ze dan platte boterhambordjes neer, waar je aardbeien met vla en

44

slagroom op geserveerd krijgt. Heel af en toe zet ze wijn op tafel, zoete lauwe Spaanse vruchtenwijn.

'Ha, dit is pas lekker,' zegt ze dan genietend. 'Beter dan die wrange troep van jou.'

Na het eten zit ze er moe bij. Ze heeft wat stoofperen en de puree gegeten en vervolgens haar bord weggeschoven, nog steeds met een schuin oog naar de hazenpeper loerend. Die zou niet meer op haar bord komen.

De week erna klinkt ze strijdlustig in haar niet-aflatende pogingen om de ondoorgrondelijke wegen van de medische stand te begrijpen.

'Het is toch te gek dat ik van zo'n verpleegster moet horen wat er met mij aan de hand is. Ze zei al tegen me: Maar heeft niemand dat u dan verteld? Nee, zei ik, niemand. Ze vonden het daar heel raar. Ik ga het allemaal zeggen. En ik zal dan ook gewoon eens vragen: Denkt u soms dat ik achterlijk ben? Dat ik niks snap of zo?'

Heldhaftig en snuivend van verontwaardiging hangt ze weer op, ze zal ze krijgen. Een mens mag snotverdo toch wel voor zichzelf opkomen bij een dokter? Wie denken ze wel dat ze zijn? Denken ze soms dat ze het beter weten? Vertel haar wat over dokters!

Ik word door mijn moeder opgehaald van het zwembad, op de fiets. Acht jaar ben ik, moe van de zon, het geschreeuw van kinderen en twintig keer diep duiken naar de zilveren bedeltjes die allemaal van mijn armbandje waren afgevallen. Daarom wil ik mijn voeten net als vroeger op de stepjes zetten, maar die zitten er niet meer.

Mijn linkervoet schiet tussen de spaken. Later zou mijn moeder zeggen: 'Je denkt: wat zit er toch tussen de spaken? Je voelt wat raars. Dus dan trap je even extra door.' Mijn onderbeen en mijn voet zitten klem gedraaid tussen de ijzeren spaken en ik zie het vlees angstwekkend snel opzwellen. Ik moet de fiets vasthouden terwijl mijn moeder hulp zoekt. Er komt een man met een tang die mij eruit knipt. Het gebouw van de GGD is vlakbij. Als de man mij daarheen draagt, is het eerste wat ik denk: als ze mijn rare wijde onderbroek maar niet zien. Even later lig ik thuis in bed met een enorm verband om mijn voet.

Ik kan maanden niet lopen, en de voet heeft na een paar weken twee keer zijn normale omvang en is zo opgezwollen en ontstoken dat ik kruipend naar de wc moet. Mijn enkelbot steekt uit de wond, het trekt niet goed dicht en ik lig eindeloos in bed. Verband verwisselen is een crime. Ik lees en knip plaatjes uit tijdschriften waar ik tableaus van maak door ze rechtop in kijkdozen te plakken. Op school is de klas dan druk bezig met breuken, staartdelingen en andere rekenkundige raadsels, zaken waar ik de rest van mijn leven een hulpeloze leek in zal blijven.

Mijn moeder weet niet wat ze ermee aan moet, ze staat er hulpeloos bij te kijken. Pas als de voet zo dik is geworden dat vriendinnetjes er wit van wegtrekken, neemt ze me mee naar de huisarts. Die vloekt als hij de voet ziet en geeft mijn moeder ervan langs. Het verband gaat eraf, hij behandelt de wond, en langzaamaan kan ik weer lopen. De enkel blijkt voorgoed beschadigd, en over het bot komt na verloop van tijd een dun filmpje huid. Vijftig jaar later val ik nog steeds bijna flauw als ik me ergens tegen stoot met die enkel.

Ik begin er nog weleens over, tegen mijn moeder.

Ze herinnert het zich nog vaag.

*

Met de feestdagen besluit ze verder thuis te blijven.

'Nee hoor, ik blijf lekker hier, anders moet ik bij jou naar dat stomme cabaret kijken.'

De laatste keer dat ze op oudejaarsavond bij me was zat ze zwijgend in haar stoel, stuurs en met zwaar afkeurende blikken naar de tv glurend. Dat zorgde voor een loodzware stemming, want uiteindelijk kon ik zelf ook niet meer echt lachen. Nu kijkt ze om middernacht uit haar eigen dakraam naar het vuurwerk.

De week daarna heeft ze een koffieochtend met drie bejaarde buurvrouwen. Ze komt er overstuur en ontdaan van terug. 'Dat achterlijke ouwe wijf van beneden, nou, die zie ik voortaan niet meer staan. Ik wilde haar een hand geven om nieuwjaar te wensen. Wat denk je dat ze zegt?' Ze imiteert een zeikerige ouwevrouwenstem. '"Nou, liever niet buurvrouw, hoor, met al die ziektes en zo van jou." Wat denkt ze godverdomme wel?'

Ik werp tegen dat het mens half dement is en stokoud. 'Kan me niks verdommen,' zegt ze ruw. 'Klotewijf. Voor mij is ze dood.'

*

Mijn moeder had op het laatst elke dag schreeuwende ruzie met Greet, die ons spuugzat was in dat krappe huisje. Zodoende stapten we op zeker moment op de bus met een paar tassen kleding en trokken in bij Henny in Utrecht, een aartslelijke WAO'er met een magere kop, holle ogen en een toupetje, die vlak bij het centrum een vervallen bovenwoning huurde. Henny voerde niks uit en zat de hele dag bij de voordeur in plat Utrechts bemoeizuchtige dingen te roepen naar voorbijgangers en buurtgenoten. Mijn moeder deed het huishouden en werkte bij een wasserij in de binnenstad waar veel aardige homo's kwamen. Daar kreeg ze ladingen fooi, die Henny vervolgens confisqueerde, want hij barstte van de schulden. Dat werd mijn moeder te gortig, dus we vertrokken weer naar Greet, die zuchtend en steunend toch maar weer de deur voor ons opendeed.

Mijn moeder heeft jarenlang in de krant contactadvertenties nagevlooid van mannen die een vrouw zochten. Leek er eentje wel aardig, dan trok ze binnen twee, soms drie weken bij hem in. Met ons.

*

Een paar weken later zit ze somber in haar huiskamertje. De chemospoelingen vallen haar zwaar. Hoewel ze in een bejaardenbelbus naar het ziekenhuis wordt gebracht, raakt ze doodop. De chemische vloeistof bijt in haar huid en ze is voortdurend in de weer met natte washandjes en koud water tussen haar benen. Haar ogen worden in rap tempo slechter. Ze kan de overkant van de straat niet meer zien. 'En als ik naar de reling van het balkon kijk, dan zie ik allemaal rare uitstulpingen.'

Kleine paddenstoeltjes of zwarte poesjes borduren, klaverjassen bij de bejaarden, plaatjes kijken in de regionale krant, het gaat niet meer. Ze heeft een groot assortiment aan hulpmiddelen geprobeerd, waaronder een enorme leesloep met een schelle lamp erboven. Ze had hem opgehaald in het ziekenhuis, maar na een week lag hij nog netjes in de doos. 'Ik weet dat niet hoor, hoe dat moet, daar heb ik toch geen verstand van.' De lamp blijkt eenvoudig aan de stoelleuning geschroefd te kunnen worden. 'Ja, jij ken ook alles, ik ken dat allemaal niet.' Als ze moe is, valt ze terug op haar Utrechtse accent. Kunnen en kennen, liggen en leggen, het maakt niet uit.

Als de loeplamp operationeel is kan ze haar vreugde niet op. 'Geweldig!' roept ze door de telefoon. 'Een schitterend ding!'

Een week later zit ze in de belbus met diezelfde fantastische lamp onder haar arm. Ze zal ze in het ziekenhuis wel even vertellen dat het een waardeloos kloteding is, hoe durven ze zoiets mee te geven aan oude mensen? Je hebt er geen zak aan. Als ze terugkomt, heeft ze een briefje meegekregen voor het blindeninstituut in de buurt, waar ze een arsenaal aan hulpmiddelen schijnen te hebben. Ze kijkt nu weer tv met haar Wibrabril, daar heeft ze die dure krengen niet voor nodig.

Mijn moeder was vroeger nooit ziek, ik weet maar van twee keer. Toen ik eens uit de kleuterschool kwam, lag ze in de huiskamer met twee enorm grote, wit omzwachtelde voeten. Ze zag er een beetje uit zoals een verongelukte skiër in een tekenfilm. Ik schrok nog het meeste van wat mijn moeder zei: 'Mijn nagels zijn eraf.'

Wekenlang zag ik 's avonds in bed de tenen van mijn moeder voor me, met een grote gloeiendhete tang erboven die een voor een de nagels van haar voeten scheurde. Ik sprak er later weleens met haar over, en na lang nadenken herinnerde ze zich dat ze ooit aan een paar ingegroeide teennagels was geholpen.

De tweede keer was toen mijn broertje geboren moest worden. Ik kwam de kamer in en daar stond mijn moeder, geleund op een stoel, met een handdoek onder zich op de grond. Er druppelde water op. Ik herinner me vooral het gezicht van mijn moeder, de uitdrukking. Nooit eerder had ik haar zo gezien. Het haar zat glad en vochtig achterover, en haar huid leek doorschijnend. Wat daarvoor of erna gebeurde, weet ik niet meer. Toen stuurde ik haar dus die kaart, met de roos en de druppel.

Ik was zelf eigenlijk nooit ziek, alleen die tanden. Maar dat was me dan ook wat.

Mijn moeder vertelde gruwelijke verhalen over de tandarts die met naalden en boren zo dik als boomstammen tekeergegaan was in haar kindergebit. 'Maar toen ik twintig was heb ik alles laten trekken. Heerlijk hoor. Ik was toen overal van af.' Zodoende had ze haar dochter ook maar nooit naar de tandarts gestuurd. Poetsen was er niet bij aan de enige kraan die we vroeger hadden, een koude, zodat er voortdurend een grauwe plaqueaanslag op mijn toch al slechte tanden zat. Ik snoepte veel, de splinters van de knalgroene, mierzoete lolly's en stroopsoldaatjes knersten in mijn mond en de suikerige knalroze kauwgum van Bazooka die ik tussen mijn kiezen vermaalde, deed mijn kaakspieren samentrekken.

Alleen op school kwam van gemeentewege de tandarts. Die hield eenmaal per jaar audiëntie in de kamer van de hoofdzuster, waar een oude stoel met een grote bureaulamp klaarstond. De Duitse tandarts, een corpulente dirndlmevrouw met opgedraaide vlechtjes, poerde hardhandig in de opengesperde armoedzaaiersmonden en zei dan dingen als: 'Ja maisje, jij hebt vijf gaatjes, jij kraigt een briefje van mij.' Als de kinderen uit het hok kwamen, keek ik naar hun handen: of zich daarin het gehate gele briefje bevond dat de gang naar het grote witte huis van de tandartspraktijk inluidde.

De eerste keer dat ik erheen moest, boorde de Duitse tandarts een groot gat tussen mijn twee bruine voortanden en trok ze vier kiezen. 'Zo maisje, dat ruimt op.' Mijn mond was nog dagen week en bloederig, en als ik een pinda of iets anders hards at, spatte het bloed uit mijn mond.

De tweede keer verzon ik uit pure angst wanhopig een smoes: 'Mijn moeder vindt het niet goed dat ik word geboord. Ze heeft liever dat het zo wordt gevuld, kan dat ook?' In de jaren daarna bezocht ik nooit meer een tandarts. De gele briefjes die ik kreeg vertrapte ik in de natte klei langs het kanaal waar ik elke dag langsliep op weg naar school. Mijn moeder vroeg er verder nooit naar.

Aan de witte wanden van het lokaal van de vierde klas hangen grote zwart-witfoto's met de verbeelding van de heilige sacramenten. In een secuur nonnenhandschrift staat de betekenis eronder genoteerd: het Huwelijk, het Heilig Oliesel, het Doopsel, het Vormsel, de Ziekenzalving, het Priesterschap, de Eucharistie. Van zuster Marcela heb ik net een stichtelijk boek gekregen: *Eene bloem uit Carmels lusthof, levensverhaal van de Heilige Theresia van het kindje Jezus, ongeschoeide Carmelites.* Er staan wazige foto's in van mijn naamheilige, een godsdienstwaanzinnig meisje uit de negentiende eeuw dat op haar zestiende al in een klooster zat en jong overleed aan een vreselijke ziekte.

Ik staar naar de gezichten van vooroorlogse mensen die glimlachend met witte tanden in de lens kijken. Zelfs de stervende die tussen gesteven lakens de laatste heilige sacramenten ontvangt, heeft een opgewekte uitdrukking op zijn gelaat en een spierwit gaaf gebit. Ik verlang hevig naar die wondere, stille wereld van rust, reinheid en regelmaat. Als ik in zo'n heilig sacrament beland, krijg ik vast ook van die parelwitte tanden.

De zuster staat in zwart-wit habijt voor de klas, met een groot kruis aan een ketting op haar platte borst. Als ze langs ons wandelt, voelen we een lichte luchtverschuiving. We zitten in houten bankjes met voetsteunen, en de ramen zijn aan de onderzijde afgeplakt, zodat we niet op straat kunnen kijken. Als we sommen moeten gaan maken, kluif ik nadenkend op mijn pen. Ik kan er niks van, en bij elke nieuwe rekenkundige bewerking heb ik weken nodig om te begrijpen wat er wordt bedoeld met teller en noemer of wat het geheim van een staartdeling is. Dan ruik ik aan mijn pen en schrik van de zompige geur. 'Moet je eens ruiken,' zeg ik tegen Nellie, die naast me zit. 'Die pen stinkt, zeg!' Ik houd hem onder haar neus.

Nellie trekt een gezicht. 'Dat ben je zelf, man,' zegt ze. 'Je stinkt gewoon uit je bek.'

Later werd het gat tussen mijn voortanden zo groot door rotting en bederf dat het leek alsof ik een hele tand miste. In mijn mond was alles bruin, scheef en vooral pijnlijk. 'Men kon ook denken aan een leerzame verzameling ruïnes, waarbij de Romaanse stijl vertegenwoordigd zou zijn door een eenvoudige bruine stomp, het vroeg-Gothisch door een afgebrokkelde steenmassa met carieuze spitsbogen, zwartgeblakerd ter gelegenheid van een beroemde belegering, het laat-Gothisch door een doormidden gespleten stifttand, ascetisch oprijzend, puntig en gecontorsioneerd, de barok door een allergrilligst spel van hobbelige kronen, en het rococo door een rijtje tonronde holle kiezen met vullingen in alle mogelijke kleuren: een blauwe zaal, een grijze zaal, een zilveren zaal... Het was een gruwelkabinet van tandresten.' Dat las ik bij Vestdijk in *Ivoren wachters*, en ik heb nooit een beeldender beschrijving gelezen van wat ik toen elke dag in mijn eigen mond kon zien.

Tientallen kiespijnwatjes (vreemde, wasachtige knikkertjes die in een piepklein kartonnen doosje zaten) stopte ik in de zwaar ontstoken gaten in mijn kiezen als de pijn ondraaglijk werd. Later had ik zoveel kiespijn dat ik me aanleerde om de helse scheuten weg te denken door een soort zelfverzonnen meditatie. Ik probeerde de pijn niet weg te drukken of me krampachtig te verzetten, maar hem juist helemaal te voelen. Dan ging ik uiteindelijk op mijn bed liggen en liet de pijn rustig opkomen, net zo lang tot het bijna niet meer te harden was. Mijn armen en benen probeerde ik zo ontspannen mogelijk naast me neer te leggen en dan ging ik er een soort wedstrijdverslag van maken, alsof ik iets moest uitleggen aan wezens van een andere planeet. 'In de bovenkaak zit nu een typisch voorbeeld van scheuten die niet alleen in de kies blijven, maar zich ook bemoeien met de belendende percelen. Daarnaast zit een klein, geïsoleerd pijntje dat een beetje lijkt op een geniepig heipaaltje met een vast ritme, aangejaagd door de bloedstromen in de aderen. En, o jongens, in de voortanden, daar zit een interessante. Die dekt, als een allround voetballer, de gehele breedte van de vier voortanden, althans, wat daar nog van over is. Hij vergeet er niet een en slaat met zijn mokerhamer in een ijzeren regelmaat op de gevoeligste punten. En daaronder, dat is ook een goeie. Die strijkt met een soort ganzenveer over een open zenuw, die daardoor als een snaar gaat trillen.'

Voor mijn moeder stond het gelijk aan marteling om je eigen kind naar de tandarts te sturen, dus tandzorg zat niet in haar systeem. Bestwil bestond niet voor haar. Nog jaren later heb ik steeds dezelfde dromen. Ik sta op een balustrade en kijk naar beneden. Dan vallen mijn tanden uit mijn mond. Of ik loop op straat en open mijn handen. Daar liggen dan ineens al mijn tanden in.

Mijn moeder zit een gebakken eitje met spek te eten en naast haar stoel ligt een blauwgestreept breiwerk. 'Dat kan ik nog een beetje op gevoel,' zegt ze, 'één recht en één averecht gaat vanzelf. Puzzelen lukt niet meer.' Naast de stoel staat een grote, kleurige bos bloemen. Ze volgt mijn blik: 'Ja, kost twaalf euro. Ik koop nu elke week zo'n bos. Je ken verder toch niks doen met je geld.' Dan wijst ze naar de kat. 'Kijk, hij heeft hier zo'n rare dikke buik. En als ik eraan kom, gromt hij. En de laatste weken is hij zo raar aan het niezen.' Ik zeg dat ik ermee naar de dierenarts zal gaan.

De dieren van mijn moeder – daar moet je je niet te veel aan hechten. De eerste weken was het allemaal schattig, zo'n jonge kat. Als hij vervolgens zijn nagels in het blauwgrijze bankstel zette was het weer 'die klotekat' – en weg was-ie. Op oude foto's staat ze bij haar ouderlijk huis afgebeeld met een hond. 'Ach, onze Hertha.' Ze smelt altijd weg als ze daarnaar kijkt. 'Zo'n hond hè, als je nou zo'n hond weer kon krijgen. Dat was zo'n schat.'

In mijn fotoalbum zit een foto van een meisje van ongeveer anderhalf jaar met grote blonde krullen, met naast haar diezelfde hond. Op de achterkant staat mijn naam geschreven, maar ik ben het niet. Mijn moeder heeft me verteld dat ik een zusje heb gehad, kleine Treesje. Het meisje was op een dag even alleen op het plaatsje achter het huis van oma, viel voorover in een waterputje en verdronk. De hond kwam in het verhaal voor omdat hij altijd scheen te waken over het kindje, maar er toevallig net die dag niet was. Oma vond het kindje, dood, en de hele familie was in tranen. Meer hoorde ik er niet van, zodat het verhaal een korte, treurige samenvatting was van een familiedrama over een klein meisje dat maar anderhalf jaar was geworden.

'Van wie was dat kindje dan?' vroeg ik mijn moeder eens.

'Van je vader natuurlijk,' zei ze kortaf. Verder wilde ze er niet over praten.

'En waarom heb je mij eigenlijk naar haar genoemd?'

'Ja, nou ja, dat ging zo in die tijd.'

'Maar waarom hebben jij en Lex haar niet meegenomen naar Amsterdam toen jullie verhuisden?'

Ze zweeg. Ik keek naar mijn moeder en voelde het dode kindje met de blonde krullen even tussen ons in. 'Ik ga een bakkie zetten,' zei ze, en ze scharrelde naar de keuken.

Pas veel later kreeg ik van tantes, in fragmenten, een ruwe reconstructie van wat zich had afgespeeld in het jaar vlak na de oorlog in dat katholieke arbeidersgezin met elf kinderen. Mijn moeder was aan het eind van de oorlog op stap geweest met een Duitse soldaat. 'Een aardige, beleefde jongen, hij kwam af en toe ook bij ons thuis, geen idee meer hoe hij heette, maar hij wilde zelfs deserteren voor je moeder,' vertelde mijn tante. Een oom zei: 'Je moeder was altijd de hort op, je opa kon haar niet binnenhouden.' Op een dag was de soldaat verdwenen, niemand wist waarheen. Meteen daarna leerde mijn moeder mijn vader kennen.

Twee dagen voor kerst – 's nachts in bed achter het gordijn dat op de kleine zolder de jongens van de meisjes scheidde – was ze wakker geworden met stekende buikpijn. Er volgde geren en gedoe op de overloop, en tot ieders verbijstering werd er een magere baby geboren. Niemand had er wat van geweten, mijn moeder ook niet. Zegt ze. De inderhaast opgetrommelde huisdokter had het piepkleine kindje in een grote handdoek op de zware fauteuil gelegd waar oma altijd in zat, in de huiskamer. 'Die haalt de ochtend niet,' had hij berustend gezegd, en was vertrokken. De baby werd alleen, in het donker, voor dood achtergelaten.

Toen ik dit verhaal had gehoord, kon ik een poos slecht in slaap komen. In gedachten liep ik alsmaar naar dat kleine zusje om haar uit die grote, eenzame stoel te halen, om haar warm en dicht tegen me aan te houden, om haar hoofdje troostend tegen mijn schouder te leggen, haar te redden uit de eenzaamheid van de jarenveertigbeklemming van benepen katholieken, om mijn nachtmerrie te stoppen.

Ze leefde de volgende ochtend nog, maar verdronk dus anderhalf jaar later in een waterput in de tuin van mijn grootouders en werd zo Treesje nummer 1. Hoe moet het voor mijn moeder geweest zijn om haar kind achter te laten bij haar ouders en later dood en verdronken terug te zien in een kistje? Hoe was dat voor mijn vader? Was dat de reden dat ze mijn moeder niet moesten, daar in zijn familie? Ik heb er van mijn moeder nooit iets over gehoord.

Er kwam een eenvoudig bidprentje voor mijn zusje. 'Het dochtertje is niet dood, maar slaapt. Het is heengegaan naar zaliger oorden om daar gelukkig te zijn.'

Vaag beeld. Of was het een droom? Mijn moeder en ik staan op een klein kerkhof in haar geboortedorp. Daar ligt het kindje bij een grote eik met ruisende bladeren, onder een beeld van een witte, rouwende engel die zijn vleugels wijd en beschermend uitstrekt over het kleine graf. Mijn moeder kijkt zwijgend naar de steen. Latere pogingen om die plek weer te vinden mislukten. Van het kleine zusje heb ik die foto in mijn album geplakt, hoewel er geen enkele gelijkenis is met mij. De Duitse soldaat heeft in de verhalen van mijn moeder nooit een rol gespeeld, en ik heb haar er verder ook nooit meer naar gevraagd.

Ik ga mijn moeder op zaterdag een bosje blauwe druifjes brengen. De voorjaarsbloemetjes zijn voor haar te klein om te zien, maar ze kan ze in elk geval ruiken. Ze heeft haar radio naar beneden gehaald om muziek te luisteren, Maria Callas. Vroeger had mijn moeder zegge en schrijve twee grammofoonplaatjes met klassieke muziek. Het ene heette *De mooiste aria's van Maria Callas*, het andere was een ruiserige opname van Benjamino Gigli, met *E lucevan le stelle* uit Tosca.

Als ik dat laatste nummer hoor, sluit ik altijd mijn ogen en vind ik het jammer dat het zo kort duurt. Ik ben dan weer het kind dat boven een dampende pan havermout hangt en de vertrouwde vochtig-warme geur opsnuift, met de huiskamer waar op een zondagmiddag die zwarte kartonnen leesmap ligt met de *Katholieke Illustratie* en *De Lach* erin, een zwarte kolenkachel waar ik lichtblauwe haarstrikken op strijk door ze over de gloeiende klep te halen, de sneeuw een halve meter hoog voor de voordeur, gekleurde knikkers die over de stoep rollen met een glazen geluid, een grijze muur achter in het tuintje, al die kleinigheden die geen enkel gewicht hebben voor een ander dan ikzelf.

Een klein anoniem meisje dat waarschijnlijk een beetje onfris rook, slechte tanden had, 's zondags naar de kerk ging en dan braaf niets at voor de communie, ging biechten en terugrende naar de biechtstoel als ze per ongeluk godverdomme zei op weg naar huis, dat zich veilig voelde in de beslotenheid van het hoge klaslokaal met de strenge zuster, waar het tegen kerst behaaglijk rook naar vers uitgeblazen kaarsen. Een kind dat de ijzeren structuur van de nonnen nodig had om nog wat te leren, een kind dat ook nog niet wist dat ze later bij deze muziek tranen in haar ogen zou krijgen.

Mijn moeder is naar de vaatchirurg geweest.

'Hij zag het meteen, hè, die dokter. Ik deed mijn broek uit en mijn kousen, hij keek naar mijn been en zei: daar komt helemaal geen bloed meer door. Dat kan zo niet langer.' En triomfantelijk vervolgt ze: 'Binnen veertien dagen word ik gedotterd.' De dag erna kom ik thuis en zie dat haar humeur kennelijk sterk verbeterd is. Ze heeft stoofpeertjes neergezet, aardappels geschild en bloemkool in de pan gedaan. 'Laat mij nou maar lekker mijn gang gaan,' zegt ze geërgerd als ik haar maan om kalm aan te doen. 'Da's gewoon afleiding voor me, dat vindt Greet ook.' Met Greet zit ze net weer in een interbellum.

∗

Mijn moeder en haar familie. Soms kon ze vol warme gevoelens spreken over haar jeugd ('en lachen dat we deejen met z'n allen, nou!'). Ze was graag op school gebleven, maar moest als dertienjarig meisje aan het werk bij een Groot Huis waar ze elke dag stiekem een enorm stuk vieze, vette cokes onder haar schort deed. Voor de kachel thuis. Mevrouw daar legde soms centen op de trap om te controleren of ze wel eerlijk was. En natuurlijk moest ze ook po's schoonmaken waar soms nog drollen in dreven. Mijn moeder vertelde dit lachend, met een gezicht van 'dat waren nog eens leuke tijden'.

Soms kon ze zomaar omslaan. We waren eens bij mijn jarige opa, een magere man met psoriasis, die elke avond op zijn knieën bad voor een groot kruisbeeld dat hij op zijn slaapkamertje in de flat had staan. Boven het hoofd van de Christusfiguur was een glazen bolletje gelijmd, waarin een houtsplintertje zat, nauwelijks zichtbaar voor het oog. 'Van het echte Kruis,' zei mijn opa altijd vol ontzag. Ik kon daar gefascineerd naar kijken. Eenmaal hield ik zelfs voorzichtig mijn rotte gebit tegen het glas in de hoop dat er een wonder zou gebeuren, zodat ik de volgende dag wakker zou worden met de stralend witte tanden van Brigitte Bardot, die ik in die dagen extreem bewonderde.

Na het bezoek liepen we door een straat met veel beukenbomen die de Steenen Camer heette. Ik proefde de naam op mijn tong, Steenen Camer, het klonk naar kastelen. We gingen de hoek om naar de bushalte, en uit het niets begon mijn moeder toen. 'Godverdomme, ze hebben het zogenaamd zo goed met hun man en hun kindertjes. En ondertussen mij laten voelen wat er allemaal niet deugt. Lekker makkelijk. Ik spuug op ze, ik kots op ze, op allemaal. En ik heb niemand meer.' Ik, die even tevoren in de avondzon had lopen huppelen tussen de herfstbladeren, me verheugend op de busreis, het standbeeld van Willibrord op het Jansplein in Utrecht, de trein, zweeg ontdaan.

Alle jaren daarna is ze hartstochtelijk bezig geweest om erbij te horen, om ook met een leuke, betrouwbare man op de verjaardagen van haar broers en zussen te komen. Dat is nooit gelukt: haar eeuwig dramatisch onvermogen.

Na ons vertrek bij lelijke WAO'er Henny trokken we weer in bij schreeuwende Greet. Maar niet lang daarna nam mijn moeder met ons de trein naar Wageningen, naar Jan. Jan, een kleine man met een enorme bril op zijn neus, twee grote zoons en een vaste baan bij een houtzagerij. Hij woonde in een wit huisje met een tuin en een achterom, en keek vanachter zijn dikke brillenglazen droefgeestig de wereld in. Jan was net weduwnaar en had een depressieve dronk. Zodoende zat hij vaak somber te kijken aan een keukentafel met een roze gebloemd kleedje erop en een beugelfles bier voor zich. Ik moest vandaar elke dag met de trein naar Utrecht, naar school.

Zo zag het leven er enkele maanden uit, tot de dag dat Jan naar het ziekenhuis werd gebracht. Hij had in de werkplaats, trillend van de alcohol, zijn complete hand eraf gezaagd. Toen hij later weer thuiskwam, had hij een zware, met zwart leder omklede kunsthand, die hij met veel moeite via een mechaniekje tot een knijpende beweging kon brengen. Avond aan avond zat hij aan het gebloemde kleedje en staarde naar zijn hand. Als er een aantal bierbeugeltjes waren losgeklikt gingen de sluizen open. Hij bekeek dan neerslachtig het zware aanhangsel dat zijn hand moest voorstellen en liet het met een nijdige bons op de tafel vallen. Uiteindelijk liet hij snikkend zijn hulpstuk alsmaar op tafel bonzen, al roepend: 'Hoe moet dat nou verder? Ik heb geen leven meer!' Ik lag dan in bed, luisterde naar het geluid van de vallende prothese op het tafelblad en had geen flauw idee waar dit toe leiden moest.

Toen ik op een dag uit school kwam, was mijn moeder vertrokken en ik had geen enkele aanwijzing waarheen. Noodgedwongen bleef ik bij Jan, die in die periode zijn bed niet meer uitkwam en vanonder de dekens met zijn hand op de muur bonsde die mijn slaapkamer scheidde van die van hem. Nachten lag ik wakker, totdat Jan op een dag werd opgehaald door een ambulance, en weggevoerd werd door mannen met witte jassen. Het laatste wat ik van hem zag was zijn gezicht achter het raam van de ziekenwagen. Hij had zijn ogen dicht en schudde met zijn hoofd, alsof hij zelf nog het meest verwonderd was over de situatie.

In de dagen daarna zat ik alleen in het huis van Jan, totdat ik werd meegenomen door mijnheer Koek, de chauffeur van de ambulance die mij daar had gezien. Hij woonde in een benedenflatje met een nerveuze vrouw die elke vijf minuten haar handen waste, die daardoor akelig rood zagen. Mijn moeder liet ondertussen niets van zich horen.

*

Ik was van de ulo gegaan, omdat ik geen geld meer had voor de trein van Wageningen naar Utrecht, en daarom vonden mijnheer en mevrouw Koek dat ik maar een baantje moest zoeken. Hij had de kinderbescherming en de politie ingeschakeld, die op zoek zouden gaan naar mijn moeder. Het kon misschien nog wel even duren voordat ze gevonden werd. Toen mijnheer Koek op een dag een advertentie las van de plaatselijke HEMA, stuurde hij mij erop af en ik werd aangenomen als telefoniste. Ik deed mijn best om door de luidsprekers de hese, eigenaardige telefoontoon van mijn voorgangster te imiteren: 'Mijnheer Van Dam, toestel elf!' Het was de kunst om vooral de 'e' van elf zwoel van onder uit de keel te laten komen en ietsje langer aan te houden dan strikt noodzakelijk. Om vijf uur liep ik langs de nylonkousen en de warme rookworsten weer naar buiten, op weg naar het huis van het echtpaar Koek. Ik had nog steeds geen idee waar mijn moeder was gebleven.

Ik bel haar. Ze heeft koorts en is bezorgd.

'Ik heb 38.9, ik voel me beroerd.'

'Ach,' doe ik opgewekt, 'dat zijn gewoon de naweeën van de chemo. Moet jij eens kijken hoe je je volgende week weer voelt. En na het dotteren kun je ook weer lekker lopen!'

'Ja, maar ja, ik moet eerst nog een onderzoek over twee weken, en pas als dat goed is word je gedotterd. Je moet verdomme wel weer nuchter komen. Maar ja, we zien het wel weer.'

'Mijn nieuwe poesje is vandaag gekomen, leuk hè? Hij zit nu op mijn schouder.'

Ze zegt niks. Ik weet dat ze een hekel heeft aan mijn siamezen, dus ik dik het nog wat aan, een beetje om te pesten.

'Hij ziet er prachtig uit. En op weg hierheen natuurlijk blèren, maar hij scharrelt nou rond in de kamer alsof hij hier altijd al geweest is, hartstikke leuk gezicht.'

'Ik vind het engerds, dat weet je.'

Niet in staat om aardig te doen voor een ander. Als ik jarig ben doet ze ook niet haar best tegenover het bezoek. Ze kletst vaak maar wat in het rond over haar vaste topics: buitenlanders (die schooiers), het koningshuis (vuile profiteurs) en de automatisering (oorzaak van de werkloosheid en er komt nooit, maar dan ook nooit een computer haar huis in).

'Als je nou een computer neemt, kun je e-mailen met je kleinkinderen.'

'Die rotzooi hoeven wij niet, sodemieter toch op. Ik heb daar geen behoefte aan.'

Toen ze een pinpas kreeg, duurde het jaren voordat ze erachter kwam dat je met zo'n ding ook gewoon in een winkel kon betalen. Ze ging elke week omstandig contant geld halen bij de bank – met de pas – om dat vervolgens bij de supermarkt weer aan de caissière te geven.

Mijn moeder wacht op een dotterbehandeling en voelt zich ondertussen niet gezond. Ze doodt de tijd met televisiekijken, breien aan een saaie roze trui en het met een loep zorgvuldig doornemen van alle ziekenhuisboekjes en folders. 'Ik krijg weer van die banden om mijn been. Nou, ik zal ze daar wel even zeggen dat ik dat niet trek. Ik trek het gewoon niet.' Dat ze die uitdrukking gebruikt, verbaast me.

Soms vraagt ze iets aan me: 'Zeg, wat betekent flexibel nou eigenlijk?' Of: 'Ik kijk weleens een Duitse film, zonder ondertiteling, en dan kan ik dat wel een klein beetje volgen, hoor.

Maar ze zeggen steeds *zum Beispiel*. Wat betekent dat nou?' Ze is trots als ze vertelt dat ze een keer in het Engels de weg gewezen heeft. Toen ik nog op de ulo zat, liet ik haar soms hardop een stukje uit mijn Franse woordenlijsten voorlezen. Ik kwam niet meer bij als ze haar tong brak op *qu'est-ce que c'est* of op *aujourd'hui*.

Ze lachte dan hartelijk mee.

In de jaren zestig las ik de aanklacht van Simone de Beauvoir tegen haar kleinburgerlijk milieu, en ik was verrast over de jaloerse woede die dit boek in mij teweegbracht. Wel verdomme, dacht ik al lezende, verwende bourgeoisstrut dat je bent. Boeken, ouders die je naar de universiteit sturen, muziekles, intellectuele discussies, en dan nog praatjes hebben ook. Dankzij dat milieu ben je in staat om dit boek te schrijven, om muziek te maken, om met Sartre te praten, die ik destijds verafgoodde. Ik vond dat deze kakmadam God elke dag op haar blote knieën zou moeten danken voor al deze voorrechten, al was het alleen maar omdat ze hierdoor niet pas op haar twintigste voor het eerst in een museum kwam.

Natuurlijk, ik las als autodidact weleens een boek en een krant, ik had een aardige woordenschat, ik wist dat een vork links van je bord moest liggen, maar nooit zou ik de vanzelfsprekendheid verwerven van een opvoeding met muziek, kunst, omgangsvormen, kamers met zonlicht en parketvloeren, vrienden die een glas wijn kwamen drinken, boeken aan de wand, een moeder die een beetje Frans sprak en een vader die Latijn kon overhoren.

Veel gesprekken beginnen met: bij ons vroeger thuis. En meestal komt er dan een aardige herinnering aan een moeder die met een bloemetjesjurk aan zat te schilderen in de serre, of een vader die in zijn studeerkamer (dat woord kende ik alleen uit meisjesboeken) schaakte met de kinderen.

In mijn geheugen liggen op die plek *De Lach*, beduimelde rode boekjes over Lord Lister en het gratis huis-aan-huis-krantje *De Echo*. Bezoek kwam er nooit, ik was meestal alleen met mijn moeder. Er was geen telefoon, geen boekenkast, geen bad en geen tv. Ik kreeg eens een wit plastic blokfluitje waarop ik met gemak wat liedjes leerde spelen. Toen het ding brak, was er alleen nog in de keukenla een roestige mondharmonica met een trekmechanisme aan de zijkant waarvan ik jeukerige rillingen aan mijn mond kreeg als ik erop probeerde te blazen.

Ik zag die meisjes vroeger weleens fietsen. Ze hadden meestal dik haar waar een gezonde glans op lag, een rechte rij witte tanden, stevige bruine benen, nieuwe gympen en een tennisracket op de rug. Van die gezonde, welopgevoede kinderen die met een air van vanzelfsprekendheid en een door henzelf niet opgemerkte Gooise 'r' zelfbewust met elkaar spraken en lachten. Als je zo had geboft, zou je stilzwijgend en nederig om zoveel privileges door het leven moeten gaan. Ook opmerkelijk vond ik het dat deze mensen zichzelf nooit door de ogen van een buitenstaander zagen. Ze waren altijd zelfverzekerd. Ik was van jongs af aan gewend om me voortdurend te realiseren waar ik was, hoe anderen naar mij keken en hoe ik me moest gedragen. Spontane mensen begreep ik dan ook niet. Hoe kun je nu zomaar overal jezelf of hetzelfde zijn? Wie ben ik? Waarom ben ik? Hoe moet ik zijn? Dat vroeg ik me dagelijks af.

De tweede ziekenhuisopname. Ik sta om negen uur 's morgens voor de deur van het kleine appartementencomplex en weet dat ik niet hoef aan te bellen. Haar bijziende ogen hebben me al zien aankomen. Het regent. Ze heeft een blauw tasje bij zich met schoon ondergoed, een pyjama, haar medicijnen en een ochtendjas. 'Ik ben gewoon gaan kaarten hoor, gisteren,' zegt ze, terwijl ze nog steeds de clip van de veiligheidsgordel niet vast kan krijgen. Ik help haar ermee. 'Natuurlijk,' zeg ik, 'waarom zou je thuis blijven zitten?'

'Zo is dat,' zegt ze. 'Ik ben gisteren nog even naar de kapper geweest, het was zo vies lang.' Mijn moeders haar is zo kort geknipt dat de roze schedelhuid zichtbaar is.

'En straks ga ik het gewoon vragen,' zegt ze ferm.

'Wat?'

'Nou, ik zeg gewoon: Wat gaat u precies doen? Dat mag toch. En al mag het niet. Ik vraag het gewoon.'

'Het komt wel goed, joh,' zeg ik.

Bij het ziekenhuis zet ik haar af bij de ingang en rijd de auto naar de parkeergarage. Als ik met haar tas terugloop, wandelt er een vrouw voor me. Ze is een jaar of dertig, heeft golvend zwart haar met highlights erin en ze draagt prachtige, peperdure schoenen. De hielen van de pumps zijn van opengewerkt zwart suède. Op een hanger draagt ze voorzichtig een mantelpakje voor zich uit van cyclaamkleurige zijde, met daaronder een roomwitte blouse. Ze gaat haar moeder halen, denk ik. Een moeder die zijden pakjes draagt met een blouse eronder. Mijn moeder staat voor de ingang te wachten met een grijze wollen broek aan, zwarte sloffen eronder (nog steeds likdoorns) en een geel jasje erboven. Haar handen heeft ze in de zakken.

*

We melden ons weer bij de administratie en gaan naar boven, ditmaal naar de tweede verdieping. Een verpleegkundige komt de intake doen, samen met een dikke leerling-verpleegster.

'Waarvoor komt u hier, mevrouw?' vraagt ze, haar potlood in de aanslag boven de vragenlijst.

Mijn moeder geeft braaf antwoord, waarop de zuster zegt: 'Ik wist het wel hoor, mevrouw. Ik wilde alleen weten of u het zelf ook wist.'

Mijn moeder lacht trots.

Dan vraagt de vrouw: 'Heeft u kinderen?'

'Ja hoor, twee,' zegt mijn moeder. En een fractie van een seconde heb ik een vreemde sensatie. Ik kijk naar haar en denk: gut, dat vrouwtje heeft kinderen. Alsof ze mijn moeder niet is, alsof ikzelf niet ben inbegrepen bij dat woord kinderen. Kind. Ik ben haar kind. Als ik dat neerschrijf weet ik dat het klopt, want ik heb ook een foto waarin ik in haar armen lig als pasgeborene in een ziekenhuisbed.

Maar een kind van iemand zijn, wat voor gevoel zou dat moeten zijn? Ik zit op die tochtige gang in het ziekenhuis, ik zie mijn moeder daar nerveus zitten, en ik weet het niet goed.

Ze mag een etenslijst invullen en dan gaan we naar de zaal waar ze zal blijven. Ik zie haar gezicht vertrekken. Er liggen daar twee oude mannen en een net geopereerde vrouw. Mijn moeder zet haar tas in de kast.

'Bah, vieze kerels,' zegt ze tegen mij, maar met een uiterst vriendelijk lachje draait ze zich plots om naar de zaal en zegt: 'Nou, ik laat jullie weer even in de steek, hoor. Tot straks.' Vrolijk zwaaiend loopt ze weg, naar het dagverblijf.

Ik zet haar voor de tv, waar net *The Bold and the Beautiful* wordt herhaald. Ze zit op een stoel vlak voor het scherm en kijkt geconcentreerd tot het afgelopen is. We wachten nog even en dan wordt ze opgehaald. Op haar bed ligt een operatiejasje klaar.

Als ik haar gedag zeg, omhelst ze me. Ik krijg daar een draaierig gevoel van in mijn maag.

Later op de dag word ik gebeld, de operatie kon niet doorgaan. De vernauwing zat in een ander deel van het been. Gecompliceerd. Uitstel. Als ik haar weer van de afdeling haal heb ik me ingesteld op een tirade, maar ze zegt tevreden: 'Zo, nou weet ik tenminste hoe het gaat. Eerst een klein naaldje, daar voel je weinig van. De contrastvloeistof viel ook wel mee. En die dokter, die stelde je echt helemaal op je gemak, dan ben je niet zo bang meer.' Haar stem is schor, ze hoort het zelf ook.

'De zenuwen,' zegt ze.

Als ze thuis is komt de kat op haar af. 'Ha jongen. Ja, daar was ik weer hè, daar was ik weer.' Snel pakt ze haar tas uit en zet koffie, haar ene hand nog in het verband vanwege het infuus.

De twee weken daarna staan in het teken van been en ogen. Het been voelt alsof er een strakke kniekous omheen zit, laat ze weten. 'Kijk.' Ze wijst onder haar knie. 'Vanaf daar voelt het alsof het er niet meer bij hoort. Heel raar.' Lopen doet ze niet meer, en elke nacht moet ze om het halfuur opstaan omdat er pijnlijke scheuten door het been jagen.

Als we twee weken later bij de oogarts zitten, steekt deze

voor mijn moeders linkeroog op anderhalve meter afstand twee vingers op. Ze ziet het niet, hoe ze haar hoofd ook probeert te draaien om het beeld op te pikken. Haar andere oog is ietsje beter, maar vervormt alles. De oogarts kan de lichte staar die ze heeft niet opereren, omdat haar netvlies beschadigd is. Maculadegeneratie. Ze gaat weg met een verwijsbrief voor een hulpverleningsinstantie voor slechtzienden.

*

Als we op een ochtend weer naar het ziekenhuis rijden, stel ik voor dat we een rolstoel nemen om de lange gang naar de poli te bedwingen.

'Ben je gek,' zegt ze geschrokken, 'je gaat toch niet in een rolstoel zitten.'

Als we even later op de bomvolle poli zitten en meteen worden geroepen, fluistert ze nerveus: 'Die mensen zullen wel denken: mag zij nu al? Maar daar kan ik toch ook niks aan doen?' Ik stel haar gerust.

De arts hangt de foto's die van de bloedvaten zijn genomen op lichtbakken en wijst aan waar de verstopping zit. Ze loopt erheen en zegt: 'Zo, nou zie ik het zelf ook eens.' Als de arts informeert hoe ernstig de klachten zijn, vertelt ze dat ze al weken geen oog meer dichtdoet. Die ochtend heeft ze tegen me gezegd: 'Voor mijn part zegt hij: vandaag wordt u geholpen.'

Het is woensdagochtend.

Hij kijkt bezorgd en zegt: 'Ik zal eens even zien wat ik voor u kan doen.' Hij pakt de status en loopt de kamer uit. We wachten nogal een tijd, in een slordige kamer met twee uitgedroogde kantoorplanten, een landkaart waarop heel lollig de rivieren in reliëf als een aderstelsel zijn ingekleurd, en een

wit bureau waarop twee stoffige plastic demonstratiemodel-
letjes van het menselijk hart liggen.

Als hij terugkomt zegt hij opgewekt: 'Het is geregeld.
U wordt nu opgenomen, en morgen kan er al gedotterd worden.'

Mijn moeder schrikt zich te pletter en gaat meteen in de
achteruit. 'Morgen al? Maar dan wil ik eerst nog even naar
huis, hoor. Ik moet nog wel wat dingen regelen.'

'Nee,' zegt de arts. 'U wordt nu opgenomen, ik heb er een
spoedopname van gemaakt. We moeten nog wat onderzoek-
jes doen. Dat doen we altijd voor een operatie.'

Ze baalt zichtbaar en sjokt mee naar de oogarts, waar we diezelfde ochtend ook een afspraak hebben.

'Kan je verdomme de hele middag hier zitten niksen. Dat
wil ik niet, hoor,' zegt ze chagrijnig. 'Ik wil naar huis. Ga je
's morgens de deur uit, heb je niks bij je, en dan hoor je zoiets.
Dan heb je daar helemaal geen zin in.'

Na de oogarts gaan we naar de tweede verdieping, waar een
arts-assistent mijn moeder moet onderzoeken. We hebben
geen idee waarom. Ze trekt haar broek uit en wil ook de panty
uittrekken die ze daaronder aanheeft. 'Dat hoeft niet, hoor,'
zegt de jongen, 'ik voel het zo ook wel.' Ze gaat op de onder-
zoekstafel liggen en hij legt zijn vingers op de aderen van haar
onderbeen. Hij zegt verder niks en is vervolgens vrij lang bezig met het opschrijven van bevindingen. Mijn moeder ligt
daar maar. Ik ga naar de wc, en als ik terugkom is hij weg.

'Wat nu?' vraag ik.

'Weet ik veel,' zegt mijn moeder gemelijk.

We gaan in het dagverblijf zitten, waar het benauwd is en
waar een zenuwachtig meisje in haar eentje zit te wachten op
een amandeloperatie. Er komt een verpleegster binnen, die

het meisje vertelt dat de ingreep twee uur is uitgesteld vanwege een spoedoperatie. 'Ach, wat zielig nou,' zegt mijn moeder, en het meisje begint te huilen.

Ik ga mijn werk bellen, want inmiddels is het één uur, en we zijn al vanaf tien uur bezig. Even later krijgt ze een bordje warm eten. Ze doet de deksel omhoog en zegt vrijwel meteen: 'Die zooi die hoef ik niet.' Ze eet alleen een felroze puddinkje op. Als er weer een verpleegkundige komt, klampt ze die aan. 'Mag ik niet weggaan vanmiddag en morgenochtend terugkomen? Wat moet ik hier nou doen de hele middag?' De vrouw kijkt mijn moeder wat wrevelig aan. 'U bent een spoedopname, mevrouw,' zegt ze op een toon alsof dat een bijzonder voorrecht is, waarbij je vooral geen praatjes mag hebben. Langzamerhand legt mijn moeder zich erbij neer, en dan komt ook de aap uit de mouw. Ze had eigenlijk nog graag willen kaarten die middag.

Helemaal vergeten dat het woensdag klaverjasdag was.

Ik moet aan het werk en vertrek. Ik laat haar achter in het dagverblijf, waar ze bij de versmade warme maaltijd zit te wachten op de dingen die komen gaan.

Aan het eind van de middag haal ik bij haar thuis spullen op: een paar onderbroeken, een roze nachthemd, een ochtendjas, een pakje shag met vloei, een loep en haar zonnebril voor de tv.

Ze blijkt een kamer alleen te hebben, waar ze dan wel weer zeer verguld mee is. 'Kijk, ik heb een eigen douche en wc,' zegt ze trots, terwijl ze de schuifdeur opent. 'En geen gesnurk en gerochel van die kerels vannacht, gelukkig.

En ze hebben me ook geschoren, daar,' zegt ze, terwijl ze

naar beneden wijst. 'Nou, zei ik, jullie hoeven niet veel weg te halen. Ik heb nooit veel gehad van onderen. Nee, zei de zuster, dat zie ik.'

Dit hoef ik dus niet te weten.

We kijken door het enorme raam naar buiten. Ze heeft zicht op de inmiddels schemerige parkeerplaats, waar door de slagbomen auto's af en aan rijden. Ik wijs. 'Kun je dat zien daar? Daar loop ik straks langs, dan ga ik zwaaien.'

Als ik wegga, zie ik haar voor het verlichte raam staan, een klein figuurtje op de tweede verdieping.

Ik zwaai, en het duurt een poosje voor ze terugzwaait.

De volgende ochtend belt ze me zelf, met zwakke stem. 'Het is al gebeurd, hoor. Het deed veel zeerder dan de vorige keer, het ging ook heel anders. Maar ik heb het allemaal gezien op een televisiescherm. Wel een mooi gezicht.' Ze moet enkele uren plat blijven liggen. Ik zeg dat ik haar die middag kom bezoeken.

Als ik binnenkom ligt ze nog in bed en ze heeft een futloos stemmetje.

'Al die prikken, het deed zo zeer. Die dokter zei: Nou zult u misschien wel even piepen, maar dit moet. Toen drukte hij heel hard met zijn volle gewicht op die ader hier.' Ze wijst in haar lies. 'En dan duren vijf minuten lang, hoor. Vreselijk was het.' Ze is doodop.

'En zonet voelde dat been zo vreemd. Ik heb de zuster geroepen. Ik zeg, dit klopt niet. Ze heeft meteen de dokter gehaald. Die kwam direct.' Hoewel ze plat moet blijven liggen, komt ze een beetje overeind en zwaait met haar vinger om de dokter na te doen. 'Heel goed hoor, zei hij. Heel goed mevrouw. Je kunt niet voorzichtig genoeg zijn. Maar alles was goed. Toch voelt het nog een beetje raar.'

Met haar bleke blauwe ogen staart ze naar de parkeerplaats. De zon schijn volop op deze kille, heldere februaridag. 'Schel licht hier, hè?'zegt ze.

We bespreken hoe ze naar huis moet de dag erna. Ik moet werken, dus ik bel een buurvrouw die een auto heeft. Dat komt allemaal goed. Het eten was weer vies, meldt ze 's avonds aan de telefoon. Niks geen smaak, alsof er helemaal geen zout in zat. Maar dat gaf niet, ze had geen honger. En bovendien, ze kon toch morgen weer naar de markt om een gebakken visje te halen.

Lopend?

Ja, wat denk jij dan. Lopend!

*

Ik bel haar op als ze weer thuis is. 'Dat was nog een toestand, joh. Ik zat in het ziekenhuis op de wc en ineens word ik helemaal nat. Ik denk, dat komt niet goed, wel een liter bloed op de grond. Was die ader weer gesprongen. Ik naar de zuster. Ik zeg: Dat lijkt me toch niet helemaal in orde. Ze rende naar de dokter, en die heeft er toen een heel strak verband omheen gedaan. Nou ja, gelukkig dat het niet in de auto op de terugweg gebeurde, dan hadden we weer naar het ziekenhuis gemoeten.'

Ze is niet bijster onder de indruk van de gesprongen slagader en is redelijk monter. Ook meldt ze dat ze voor het eerst zonder pijn de trap op kon lopen. Ik ben opgelucht.

De dag erna is ze de hele ochtend niet thuis als ik bel. Rond het middaguur is ze weer thuis en blijkt ze al met de bus heen en weer naar de stad geweest te zijn om kleren te kopen bij C&A.

'Toch een raar gevoel hoor, als ik loop, in die lies.'

Geruststellend zeg ik: 'Je moet nog even wennen natuurlijk, het is ook al die jaren verstopt geweest.' Ik heb geen idee wat ik zeg, maar het stelt haar gerust.

'Ik doe kalm aan. Dat zei de dokter ook: nou niet meteen de marathon lopen hoor, mevrouw!'

Ze lacht, ze is dol op dat soort grapjes. Zo zegt ze ook altijd gerustgesteld als ze naar de huisarts is geweest, wanneer ze weer eens bang was dat ze een ernstige kwaal had: 'De bloeddruk van een jonge meid. Dat zei de dokter, de bloeddruk van een jonge meid heb ik. Zo mogen er hier meer van uw leeftijd de praktijk binnenkomen.'

Ze heeft in de stad twee broeken gekocht, een grijze en een beige, met elastiek in de taille, want dat zit zo lekker. 'Héérlijke broeken,' zegt ze. 'Daar wil je er wel tien van. Leuke kleurtjes, hè?'

Een dag later. 'Ik heb ze teruggebracht naar C&A, ik vond er niks aan. Toen ben ik op dezelfde strippen weer teruggegaan met de bus.'

Ze kijkt zegevierend.

*

Op een oude foto draagt mijn moeder een wijde plissérok van glansstof, grijs met witte motieven. Daarboven draagt ze een wit twinsetje, en haar haar is heel kort, met een strak permanentje. Ze krijgt er een opvallend jong en fris gezicht van. Knap bijna. Ik kan me de sinterklaasavond van die foto nog herinneren. Ooit zag mijn moeder er dus jong, goedverzorgd en aantrekkelijk uit, met oorbellen, make-up en rinkelende armbanden. Op de foto zie je ook een doos, waarop een popje staat van een vissertje met een hengeltje. Dat was een surprise. Wie zouden daar toen geweest zijn, op die avond in december? Het popje was gemaakt van dun, ouderwets materiaal dat meteen indeukte als je het vastpakte.

Maar die rok herinner ik me het best. Ook nog dat ik hem aandeed als ik mijn moeders kleren paste. De rok was favoriet nummer twee, en ik drong er elke keer bij mijn moeder op aan: die moet je bewaren, voor mij, voor later.

'Ja, hoor,' zei mijn moeder dan.

Op nummer een stond een blauwgeruit badpak met een ouderwets braaf rokje eraan, waarvan de bijzondere aantrekkingskracht de voorgevormde beugel-bh was. Als ik met mijn kin op de borst naar beneden keek, verbeeldde ik me dat ik al borsten had. Dat was een spannend gevoel, ook al deukte alles meteen in als ik me op bed liet vallen.

Mijn moeder kocht graag veel en goedkope sieraden. Kettingen met parelmoeren lovertjes, glimmende ringen, broches, van alles. Ze droeg ze altijd maar enkele keren en dan kwamen ze in een naaimand terecht, waar ze vervolgens lagen te verstoffen tussen draadjes en lapjes.

Het was carnaval op de katholieke school, en we mochten die dag verkleed komen. Natuurlijk zat er in de klas één mooi en welgesteld meisje, Angelique. Zij kwam dan binnen met haar moeder, geheimzinnig een hangertje voor zich uit dragend met een hoes over het kledingstuk dat eraan hing. Even later hing er dan aan de deur van de klas een roze met blauw prinsessenjurkje waar glimmende pailletten op genaaid waren. Wij keken er de hele tijd naar. Het was zo onbereikbaar mooi dat we niet eens jaloers waren.

'Ik doe niet aan verkleedkleren, hoor,' had mijn moeder gezegd. 'Veels te duur. Hoe durven ze het trouwens te vragen, verkleed naar school. Laat ze het dan ook maar betalen.'

Zodoende zat ik in de klas met mijn pyjama aan. Dat was leuk genoeg.

Kleding was voor mij soms taai ongerief.

Op een ijskoude gure winterdag stapte ik 's morgens naar buiten, op weg naar school, toen de adem mij werd afgesneden door de vrieswind. Ik liep met blote benen en een korte geruite rok, en ik voelde voordat ik de hoek om was de kou opkruipen tegen mijn benen, tussen mijn wijde ondergoed. Halverwege rende ik terug naar huis. Mijn moeder liep met me naar de fourniturenhandel om de hoek, waar ze ook skibroeken verkochten: mooie stretchdingen met bandjes onder de voeten. Die wilde ik hebben, met een windjack erboven dat aan beide kanten draagbaar was, de twee meisjeshits van dat moment. Ik ging de winkel uit met een lange zwarte gymbroek, een katoenen geval met gebreide boorden.

'De kou is toch zo weer voorbij,' zei mijn moeder.

Maar dat was niet zo.

De week daarna sta ik te rillen op het ijs. Ik heb lage leren schoenen aan met een veter, en de sneeuw die daardoorheen sijpelt, heeft mijn voeten binnen een kwartier half bevroren. De doorlopers met de keiharde leren banden snijden in mijn wreef. Ik sta op het kanaal dat bedekt is met een laag ijs van een halve meter, en peil de immense zwarte diepte onder mij. Om me heen hoor ik gekras van honderden schaatsen en ik doe ook een poging. Ik zwik mijn enkels en sta dan weer met mijn schoenen op het ijs, de schaatsen aan kapotte oranje veters achter me aan slepend. Erg sportief ben ik niet, maar het zijn ook schaatsen van niks. Ik ga langs de kant zitten, waar ik het zingende geluid hoor van de ijsvlakte die zwaar beladen op en neer deint. Langs de rand golft het groene water daardoor over mijn schoenen. Ik loop naar huis, met witte ijsvoeten en blauwe knieën die stijf zijn van de kou.

Ik droom van kunstschaatsen. Gevoerde witte kunstschaatsen, waarin je vanzelf over het ijs zwiert en waarin je vooral warme voeten hebt. Een paar van die glanzende exemplaren staat in de etalage van Kolb, de Duitse fietsenmaker om de hoek. Met bonzend hart van opwinding loop ik daar op een dag naar binnen, met mijn moeder. Ik pas de prachtige schaatsen, zo uit de grote witte doos, en ik voel de stevigheid van de dure schoenen om mijn enkels, de wat botte onderkant van het ijzer en de scherpe punt waar je zo goed mee kan remmen. Met warme rode wangen sta ik, de grote doos onder de arm, met mijn moeder bij de kassa om af te rekenen, als Kolb de doos weer afpakt en tegen mijn moeder zegt: 'O nee, mevrouw, daar beginnen we niet meer aan.'

Mijn moeder had ze op afbetaling willen kopen, maar Kolb kende zijn pappenheimers. Ze had nog wat rekeningetjes openstaan. We gingen in een terugtrekkende beweging de winkel uit, nagestaard door de andere klanten.

Het had zo een pathetische scène uit een stuk van Herman Heijermans kunnen zijn.

*

Donderdagochtend halfelf. Hijgend komt ze mijn keuken binnen. Er ligt een flinke laag sneeuw, toch is ze de deur uitgestapt met alleen haar pantoffels aan. 'Ja ja, het zal wel mooi zijn buiten, maar alleen om te zien. Wij houden niet van die vieze zooi, bah. Maar met pantoffels glij je niet uit. Je bent maar voor één ding bang, en dat is dat je valt. Vallen moet je niet doen op onze leeftijd.' Ze gaat zitten en ik vraag of ze koffie wil.

'Ach ja, laten we maar een bakkie doen.'

Ze doet suiker en melk in de koffie en roert heel lang.

'Morgen alweer naar het ziekenhuis. Controleonderzoek. Ik zal ze meteen eens even zeggen dat het lang niet zo goed is als de vorige keer. Ik ben heel snel moe.' Ze kijkt in een pan op het fornuis en zegt: 'Dat vind ik nou zonde, dat je die gehaktballetjes zo laat staan. Doe ze maar in een plastic zakje, ik neem ze wel mee.'

Ze blijft niet lang en vertrekt, voorzichtig schuifelend met haar zwarte pantoffels over de gladde stoep. In haar hand klemt ze een boodschappentasje met daarin een pedaalemmerzak gehaktballetjes met gestolde jus en onderin een rinkelende laag flesjes oude parfum en eau de cologne die ik weg had willen gooien.

'Da's nou jammer, er zitten zulke lekkere luchtjes bij. Geef die maar aan mij.'

De dag ervoor heeft ze een grote bos bloemen voor me neergezet, gemengde gele. 'Je hebt zoveel voor me gedaan, bij al die dokters.'

Er hangt een kaartje aan: *bedankt voor alles.*

*

Fresia's stonden er alleen op zaterdag, geel en geurend, op het blad van de nieuwe salontafel dat aan twee kanten gebruikt kon worden. Als mijn moeder goede zin had, stond er groentesoep op het vuur en bakte ze een cake.

Als mijn moeder heel erg goede zin had gingen we 's zaterdags naar de stad, met de boot over het IJ om zuur jodenbrood te halen en oude kaas. De Bergmannboot, vanwege de naam van de rederij, met de scheepjeswolreclame erop geschilderd. Het was een lage boot, en als je erin zat, bevond je je maar twintig centimeter boven de groene, olieachtige golven. 's Zomers zwommen we daarin. Vlak bij de sluis doken we dan snel naar een passerende aak. Van een afstand was het alsof die lange, zware schepen traag door het water gleden, maar als ik er eenmaal aan hing om me mee te laten slepen, moest ik mijn handen flink om de roestige rand klemmen. Door de golfslag liep mijn gebreide wollen badpak vol water, zodat ik het bijna verloor. Als ik dan op de glibberige graskant kroop, hing het op mijn knieën met een enorme bel water erin. Van de slokken olieachtig groen IJwater die ik binnenkreeg werd ik kotsmisselijk.

Waar de boot aankwam, liepen we achter het station de stad in, door de oude Jodenbuurt waar een bakkerij was met vers zuur brood. 's Middags aten we dat thuis met brokkelige oude kaas. Dat, en de geur van de fresia's, was zaterdag, plus de cake die mijn moeder soms bakte.

Ze klopte het gele beslag vol boter en suiker met twee grote vorken. 's Avonds voordat ik ging slapen, legde ik op een boterhambordje twee plakken cake, besmeerde ze dik met Blueband, en sneed ze in blokjes. Dat langzaam opeten, onderwijl een *Illustrated Classic* lezend, er was geen groter genot. Ik heb mijn moeder er eens aan herinnerd, aan dat bakritueel. Ze was stomverbaasd.

'Heb ik cake gebakken? Hoe kom je daar nou bij? Dat kan ik helemaal niet.'

Vroeger lijkt voor haar soms wel helemaal weg.

*

Dit was wat ik vaak deed, na die dag dat mijn moeder aan het schoolhek had gestaan: 's avonds in bed, verteerd door heimwee, telde ik de deuren van de Ooievaarsweg in Amsterdam-Noord, noemde ik op wie er woonden: gekke Faffiani die altijd de koekjes nawoog die zijn zoon bij de bakker moest halen – meestal een pond allerhande – en die de jongen gemeen hard kon slaan als het gewicht niet tot op de gram klopte, maar die altijd wel zijn kinderen aansprak met 'godverdommese lekkere boender dat je d'r bent', de mensen op de hoek van wie het zoontje was verdronken omdat hij op een matras over het IJ wilde gaan peddelen, de dikke mensen die een rare dochter hadden die Jantje heette. Ik sloeg in gedachten de hoek om, liep bij de drogist naar binnen. Een grote etalage waarin vooral zeep en kammetjes te zien waren, zwarte granito vloeren, bakken met soda, een staande weegschaal met grote gewichten waar je je tegen betaling van een dubbeltje professioneel kon laten wegen door de drogist in zijn witte jas. We noemden die zaak om onduidelijke redenen de Concurrent. Ik keek door de etalage bij Kolb de fietsenboer, liep door de donkere vettige gang langs de winkel naar zijn werkplaatsje, las weer met bevreemding het onbegrijpelijke reclamebord aan het huis daarnaast: heilgymnastiek. Ik zag in een kleine etalage kunstbenen, geheimzinnige roze korsetten en vreemde apparaten met stangen. Daarna, waar de weg een flauwe bocht maakte (geen buitenbocht, maar een soort binnenbocht, waardoor die winkel een vreemde knik in de etalageruit had), even gluren bij de kruidenier, die in bruine papieren zakjes de suiker en de koffie per ons verkocht. Hij had in zijn pijpenla ook veel soorten droge bonen in glazen potten. Ze hadden het moeilijk, want daarnaast zat de eerste echte supermarkt van De Gruyter, met klassiek blauw geglazuurde tegels langs de gevel, waar je je eigen koffie maalde en ijsbonbons kocht met een spreuk in het wikkeltje. Dan volgde de splitsing met de Nachtegaalstraat, waar even verderop de melkboer zat, die nog met een kar aan de deur kwam met blinkende bussen vol schuimende melk. Met een stalen literkan, waaraan een hengsel van een halve meter zat, vulde hij de pannen van de vrouwen in de buurt. Die melk moest meteen gekookt worden. Ik was in zijn winkel eens yoghurt aan het kopen toen ik per ongeluk een piramide van peperdure potten sapvruchten in elkaar liet storten. Ik stond star van schrik in de kleverige bende, terwijl de melkboer, een grote, dikke vent, riep: 'Dat wordt een lekkere rekening. Zal je moeder fijn vinden!'

Dagenlang durfde ik thuis de deur niet open te doen wanneer er werd aangebeld, tot hij er toch een keertje was. Kwaad. Mijn moeder liep in mijn herinnering huilend de gang in. Dat begreep ik wel, want die potten waren natuurlijk verrekte duur geweest. Mijn moeder wist ook daar later niets meer van. 'Die melkboer? Hoe kom je d'r bij. Daar kocht je nooit in die tijd, bij die oplichter. Nee hoor, daar kwam je nooit.'

Voorbij de melkboer zat de sigarenman, waar ik de gele doosjes Miss Blanche, tien stuks, kocht voor mijn moeder. Er stond op de toonbank altijd een koperen gasbrandertje met een vlammetje. Kon je er meteen gezellig een opsteken. De sigarenboer rookte zelf ook de hele dag. En verderop, op de hoek, zat ook een winkel, maar hoe ik in mijn gedachten ook keek, ik wist niet meer wat voor nering dat was. Als ik 's avonds in bed mijn wandeling begon, verheugde ik me altijd wel op die hoek. Dan kon ik daar eens lekker lang stilstaan, het portiekje even inlopen, bedenken wat daar ook weer zat, maar er bleef toch altijd een zwart gat. Maar uiteindelijk was daar het heerlijke winkeltje van de gezusters Westers, smal, donker, en helemaal volgestouwd met handel. Ik kocht er een delftsblauw, echt draaiend molentje voor juf Mol van de eerste klas en ook een fuchsiaroze theekopje met gouden letters voor Moederdag. Verder hadden de zussen kartonnen kaarten met speelgoedvliegtuigjes, nootmuskaatraspen, vliegers, katoenen lonten voor het petroleumstel, mattenkloppers, ansichtkaarten en gebloemde stenen olielampjes. Over de brug kwam dan eerst de pastorie die aan de kerk vastzat, de Ritakerk. Een hoge stoep, een lange, koele, donkere gang met stenen vloer, een koperen bel die fris en helder door het pand galmde, en de pastoor (een man met een kerstmanachtig ho-ho-hogeluid) die de katholieke meisjes voorbereidde op het bruidje-zijn in de Mariaprocessie in mei.

Die kerk was gebouwd in de jaren twintig, met vanbinnen een geheimzinnige donkerte die des te knusser werd als de kaarsen brandden en de wierook omhoog kringelde. Daar waren ook de biechtstoelen, waar ik me suf peinsde over de zondes die ik nu weer moest vertellen. Dan de oefening van berouw voorlezen vanaf een kartonnetje aan de wand, gemompel van de pastoor aanhoren vanachter een traliewerkje, en maar weer verlegen vertellen dat ik gevloekt had, ondeugend was geweest en niet naar mijn moeder had geluisterd. Even later zat ik ernstig met een rozenkrans in de kerkbank om mijn straf uit te bidden, tien weesgegroeten en vijf onzevaders. Ik had een plastisch beeld van mijn ziel, namelijk een soort afgeplatte borst zonder tepel, waar kleine en grote zwarte vlekken op zaten, hoofdzondes en dagelijkse zondes. De grens tussen die twee werd door de catechismus die we uit ons hoofd moesten leren duidelijk afgebakend. Ik geloofde er heilig in.

Maar die wandeling dus, daar kon ik me op verheugen als ik niet kon slapen.

Het is maar een paar vierkante kilometer. Op oude foto's van het buurtje zie ik lege straten, lange schaduwen en een enkele voetganger die zich bijna verontschuldigt voor het feit dat hij aanwezig is. De afbeeldingen hebben het ongrijpbare van een portret van een overledene. Je kunt er lang naar kijken, je kunt proberen de gelaatstrekken te duiden, en zelfs overwegen of het een aantrekkelijk gezicht is dat je ziet. Daar kun je zo ver in komen, dat je het portret zou kunnen tekenen. Maar de dode kan zich niet meer tot je verhouden, evenmin als die dode straat op de foto. Ooit liep ik er rond, was ik één met mijn omgeving, sterker nog: ik was me niet bewust van die straat, die hoek, dat park, de brug. Nu, ja nu, zie ik details die altijd onopgemerkt zijn gebleven. Dat er bijvoorbeeld boven bijna elk raam een gestreepte markies hangt. Dat aan de groene ijzeren ophaalbrug twee vreemde schoepen zitten. Dat er een huisje op die brug staat. Dat er boven banketbakkerij Lieuwma zulke prachtige art-decoletters geschilderd zijn.

Waarom, waarom heb ik toen toch niet beter opgelet?

Ik ben een beetje verrast dat een specialist zich verwaardigt om mij tien minuten lang te bellen over een patiënt. Het blijkt dat de oogarts het vreemd vond dat mijn moeder zo plots uit de spreekkamer was verdwenen. Ik leg haar uit dat er diezelfde dag een spoedopname was gepland. 'Ik dacht al,' zegt ze, 'je moeder zei tegen me: nou, aan die ogen is zeker niks te doen. U wordt bedankt, dan ga ik maar weer. En weg was ze.'

Er blijkt nog een onderzoek mogelijk te zijn, waarbij bekeken wordt of met een laserbehandeling het slijtageproces gestopt kan worden. Ik informeer naar de precieze gang van zaken, maar godzijdank is er in dat onderzoek alleen sprake van oogdruppels en metingen van buitenaf. Ik spreek af het met mijn moeder op te nemen, maar zeg erbij dat ik er niet zeker van ben of ze dit allemaal wel wil.

De wegen van mijn moeder zijn evenwel ondoorgrondelijk. Als ik haar de dag daarna bel, blijkt ze uitermate verguld met de aandacht van de arts. 'Belde ze jou zelf op? Over mij?' Ze zwijgt even verbluft over zoveel persoonlijke professionele belangstelling. Dan klaart ze op. 'Ik ga er graag heen, hoor. Natuurlijk doe je alles wat je kan.'

Ze belt meteen en maakt een afspraak voor drie weken later.

Als ik haar dat weekend bel, is ze uit haar humeur. 'Wat denk je, vannacht verdomme weer precies diezelfde klotepijn in mijn been gehad. Nou, dan baal je behoorlijk. En precies op diezelfde plek ook weer, alleen trekt het nu niet zo helemaal naar boven.'

Ik adviseer haar om meteen de vaatchirurg te bellen. Daar baalt ze nog meer van. 'Alsjeblieft zeg, nee hoor. Ik zei net van de week tegen mezelf: ik hoef de komende weken nergens meer heen, alleen naar de oogarts. En het lopen gaat ook nog moeilijk, ik ben zo moe. Toen ik laatst van jou vandaan kwam had ik het zwaar, hoor. Er zit zo'n spier in je bil, die doet dan zo zeer.'

'Jawel, maar die heeft ook al die maanden niks gedaan,' improviseer ik. 'Die moet weer een beetje wennen en aansterken.'

'Ja, natuurlijk, da's ook logisch, hè,' zegt ze gerustgesteld.

Als ik bij mijn moeder langsga, zie ik dat ze met een kleine loep probeert de post te lezen, letter voor letter. Ze heeft zelfs een tevredenheidsenquête van de woningbouwvereniging ingevuld, met scheve blokletters die boven de lijnen dansen. 'Ze hebben mij altijd goed geholpen, dus dat heb ik ook eerlijk opgeschreven.'

Met ingehouden vertedering praat ze nu over de poes. 'Die achterlijke gek. 's Avonds om halfzeven zit hij al onder aan de trap. Moeten we naar bed. En als ik erin lig, schuift hij steeds tegen mijn been. Als ik dan opzij ga, gaat hij ook. Hij wil me voelen, hè.'

Ze heeft op de rommelmarkt voor een tientje een zware zwarte Singer naaimachine gekocht, zo een die met de hand wordt aangedreven. 'Dan kan ik van de zomer tenminste zelf een rok naaien, met een leuk bloemetje, of mijn broeken korter maken. Alleen, ik kan de draad niet meer in de naald krijgen. Dat moet jij maar even doen. En de spoel blijft maar scheef zitten.'

Door de loep bekijkt ze het mechanisme, met de neus erbovenop.

*

Ze is vol verwachting over het komende bezoek aan de oogarts en blijft magisch denken. 'Al kan er maar íéts gebeuren dat het beter wordt.' Ze laat met duim en wijsvinger zien met hoe weinig ze al tevreden zou zijn. Ik zeg maar niet meer dat het onderzoek alleen gedaan wordt om te bezien hoe de status quo gehandhaafd kan blijven – en dat dat zelfs onzeker is. 'Vraag maar goed door, hoor,' adviseer ik haar schijnheilig.

De woensdag erna is ze erg down. Ze heeft die ochtend de hele batterij aan onderzoeken gehad. 'Eerst moest ik druppels. Toen tien minuten wachten. Toen weer druppels. Weer tien minuten wachten. En nog een keer. Maar ze zei dat ze er niks meer aan kon doen. Daar baal ik van.' Ze is van streek. Ik zeg: 'Konden we maar naar Amerika, en dat daar dan een superdokter was die je opereren kon. Dan stapten we meteen in het vliegtuig.'

'Dan ging je maar alleen,' zegt ze meteen. 'Ik stap nooit van mijn leven in zo'n vliegende doodskist.'

'Zelfs niet voor je ogen?'

'Nee, zelfs daar niet voor.'

Mijn moeder prutst onhandig met de knopjes van de thermostaat van de centrale verwarming. Ze begint ineens over onze kolenkachel. Ik ging 's winters met een sleetje naar de kolenboer die een heel eind weg een beroete opslag had, om vette, zware zakken op te halen. 'Neem maar eierkolen,' riep mijn moeder dan. Of: 'Drietjes is mooi genoeg.' Alleen als we wat meer geld hadden, konden we een heel mud bestellen en kwam de kolenboer het hok volgooien. Hij had een zwarte kop met witte ogen en droeg de enorme zakken naar binnen op een leren schouderstuk met een capuchon eraan. Mijn moeder haalde de asla onder de kachel vandaan, gooide de sintels in de metalen vuilnisemmer en veegde de boel schoon. De kou kroop dan het vertrek in en er hing een vieze lucht. Als de kachel uit was, verloor het huis zijn glans.

's Avonds, als ik met *Saskia en Jeroen* op de bank zat, keek ik vaak even opzij naar de vlammen die tussen de kolen speelden. De huiskamer had een oranje gloed, en het suisde zacht-jes in de schoorsteen. Als dan 's ochtends mijn moeder teleur-gesteld riep dat de kachel 's nachts uitgegaan was, begon het hele ritueel weer van voor af aan.

In de winter deed ik de dikke gordijnen van de huiskamer dicht, zodat ik in behaaglijk halfduister op de grote bank zat. Met een oude gordijnroe wees ik alle spullen in de kamer aan. 'Kijk eens, wat een prachtige schemerlamp, met dat bloeme-tje erop. En dan die tekening van het masker van Toetancha-mon, is het geen topstuk? Waar wijs ik nu naar? Dat is een echt schilderij. U ziet een zigeunerin met een rode rok en een witte blouse, die bijna een blote tiet heeft. En dan die klok. Hij is elektrisch, bruin metaal, witte cijfers, doet het prima. Nou, wat geeft u ervoor? Koopt u alles maar, want de mensen die hier wonen hebben de voetbaltoto gewonnen en hebben een villa gekocht. Nu moeten ze deze troep nog even kwijt. Kom op jongens, het is niet duur.' Ik verkocht elke zondagochtend de gehele inboedel, maar ik stopte ermee nadat ik een keer een grote lucifer binnen in het kunststof schemerlampje had gehouden om het veilingpubliek te tonen hoe knus de kamer dan leek. Toen de vlammen omhoog sprongen, maakte ik mijn moeder wakker. Ze smeet wit van schrik een emmer wa-ter tegen de muur.

Als dan eindelijk de papieren bij de huisarts aangekomen zijn, fiets ik ermee naar het gebouw van Visio. Het kantoortje ligt op het terrein van het doveninstituut (wat kan het sche-len, doof of blind), en de weg erheen is gemarkeerd met grote ribbels op de stoep. Als de schuifdeuren opengaan, klinkt er een zoemer, en op de vloeren binnen zijn met felgekleurde

lijnen grote loopbanen aangebracht voor de slechtziende medemens.

We zijn in de wereld van de blinden.

Een wantrouwig kijkende juffrouw aan de balie neemt met
duidelijke tegenzin de envelop in ontvangst waarin de beno-
digde papieren zitten. Nu een afspraak maken voor een
slechtziende moeder? Ze is stomverbaasd als ik blijk te denken dat dit zomaar kan. Het enige wat ze kan beloven, is dat ze
de brief de week daarna bij de intakecommissie zal neerleg-
gen. En dan zal ik wel horen. Haar toon maakt duidelijk dat ik
niet moet denken dat ik ook maar enige invloed kan uitoefenen op de procedures. Ook laat ze doorschemeren dat een gesprek met 'dokter' op zijn vroegst in juli zal kunnen plaatsvinden. We leven op dat moment in maart.

Als ik mijn moeder wil gaan vertellen dat ze nog bericht krijgt
(ik rep niet van juli) blijkt ze toch weer beneden bij de buurvrouw te zitten. Koffiedrinken. Het is de buurvrouw met wie
ze een slepend conflict over de viermaal per uur slaande klok
heeft bijgelegd, na eerst maandenlang wakker te hebben gelegen omdat het voortdurende gebimbam haar stapelgek
maakte. Gewoon praten over zulke dingen kan ze niet. Op-
vreten kan ze haar irritaties als de beste.

Toen ze met de buurvrouw te spreken kwam over het wonen
in hun prettige flatjes had ze gezegd: 'Leuke flats, hoor. Maar
als ik had geweten hoe gehorig het was, had ik feestelijk bedankt.' Toen de buurvrouw verschrikt vroeg wat er aan de
hand was, zei mijn moeder: 'Nou ja, jouw klok bijvoorbeeld,
daar slaap ik niet van. Maar trek je er niks van aan hoor, jij
kan er ook niks aan doen dat alles zo doorklinkt hier. Maar ja,
als ik het van tevoren had geweten...' Wat deed mijn moeder

namelijk een hele poos: als de klok beneden sloeg, rende ze naar de radio en zette die op volume 12. Elke keer. Vier keer per uur.

Toen ik zei dat dit niks oploste, zei ze: 'Dat zullen we nog weleens zien.'

Als mijn moeder iets gedaan wil krijgen, vraagt ze dat zelden rechtstreeks. Stel, ze wil een schilderij opgehangen hebben. Dan vraagt ze: 'Wat zou het kosten als je een klusjesman inhuurt, voor een halfuurtje ofzo?' Om vervolgens 'Nee, dat hoeft echt niet, hoor' te roepen als je aanbiedt om langs te komen met de boor en de pluggen.

Een paar dagen later vertelt ze dat ze heeft gehoord dat Greet in het ziekenhuis ligt. Ik bereid me voor op een scheldlitanie. Greet is altijd goed voor een verhaal vol met 'ze heeft het aan zichzelf te danken' en 'van mij zal ze niks meer horen. Laat haar maar bellen. Ik heb haar toch niks gedaan?' Er is geen tussenweg, ze leven als zussen in hartstochtelijke liefde of in bittere onmin. Dat moet je goed bijhouden, want voordat je het weet, zeg je iets verkeerds.

Maar mijn moeder vertelt nu dat ze Greet een kaart heeft gestuurd waarop ze heeft geschreven: 'Veel beterschap, ondanks alles.' Ze kijkt er triomfantelijk bij. Ik schakel snel om. De laatste keer dat we over Greet spraken, hadden ze weer eens een ruzie van het soort waarbij van beide kanten werd gemeld dat de ander hartstikke dood kon vallen.

'Wat aardig van je. Wie weet, misschien hoor je nog weleens wat van haar.'

Daar valt haar niets bijzonders aan op, dus ze zegt: 'Ja, dat lijkt me nou leuk. Het is toch je zusje. Of niet dan?'

Vroeger ging ze vaak uit met haar jongste zusje, vlak na de dood van mijn vader, en voordat rare Arie op het toneel verscheen. Greet, die toen nog bij opa en oma woonde, kwam dan naar Amsterdam met haar mooiste kleren aan. In een wolk van Soir de Paris begonnen ze hun avontuur dan samen in de Rutecks, een lunchroom met zilveren ijscoupes, smeuïge slagroom en een ballroomachtig orkestje op de zaterdag. Mijn moeder was nog maar begin dertig toen, realiseer ik me nu. 's Avonds gingen ze dansen en kwamen dan opgewonden thuis.

Ik vond het toen maar raar, je moeder die gaat dansen.

Ik ging nog eenmaal terug naar dat buurtje, dertig jaar nadat ik het verlaten had. Op een vreemde manier was ik gespannen, en met een knoop in mijn maag liep ik van de pont af. Ik had de weg slapend kunnen vinden, zo bekend was hij nog, maar de aankleding was onherkenbaar veranderd. Op de deurbordjes die ik passeerde stonden exotische namen, winkels waren er bijna niet meer, alleen nog uitzendbureaus, coffeeshops en financieel adviseurs. Kolb en de Concurrent waren vervangen door Musaf en Elmaci.

Ik registreerde dat de IJtunnel klaar was en zocht herkenningspunten. Daar was de Meeuwenlaan, daar het Spreeuwenpark, dus vanaf daar moest ik linksaf om de Ooievaarsweg in te gaan. Als kind schreef ik mijn adres als volgt: Ooievaarsweg 5 huis, Amsterdam-Noord, Noord-Holland, Nederland, Europa, Wereld, Zonnestelsel, Heelal.

Bijna in trance wandelde ik erheen. Zou ik durven aanbellen? 'Ik ben hier geboren, mag ik nog eens even binnen kijken?' Ik herkende eerst het oude muurtje waar de man van de

Husqvarnawinkel glasscherven op had laten metselen vanwege overklimmende rotjongens. Mijn hart klopte in mijn keel.

Ik sloeg de hoek om. Om dood te lopen tegen een berg zand en stenen. Alle huizen waren net die week gesloopt, stadsvernieuwing.

Eigenlijk was het ook wel goed zo. Mijn nachtelijke wandelingen werden nu niet verstoord door beelden van eigentijdse crisisnieuwbouw die eroverheen geschoven zouden zijn. Alleen de school, die was niets veranderd. Het lange bakstenen gebouw stond nog steeds onverzettelijk en met grote hekken en deuren te wachten. De jarenvijftiggraffiti 'Weg met Beel' die ik me zo goed herinnerde, was verbazingwekkend genoeg nog in grote verfletters te lezen op de hoek.

Ik nam er een foto van.

Toen ik net in mijn eerste eigen huis woonde, stond er op een zaterdagochtend een wildvreemde man voor mijn deur. 'Ik ben hier opgegroeid. Mag ik misschien even binnenkomen?' Ik begreep dat heel goed, dus ik had geen enkel bezwaar. Er had in mijn huis vierenveertig jaar lang een inmiddels bejaard echtpaar gewoond. Toen ik er voor het eerst kwam, kon ik merken dat er vooral zuinig was geleefd: er hingen overal, voor elk raam, zelfgebreide gordijnen in een vaalgroene tint, de tochtgaten waren dichtgestopt met oude nylonkousen en in de keuken was enkel een armetierig aanrechtje met een koude kraan. De keukenvloer was ingezakt, er was geen badkamer, geen warm water, en in de huiskamer stonden twee oude oliekachels.

Hij stelde zich voor als Teun, en ik liep met hem het huis door. *Mijn* huis, maar voor hem was het duidelijk *zijn* huis. Als een slaapwandelaar liep hij door zijn jeugd, feilloos de afstapjes en klemmende deuren nemend. Ik bood hem koffie aan.

'Weet je, ik droom bijna elke nacht van dit huis,' zei hij na een poosje. 'Ik loop dan de keuken in, de trap op, naar mijn kamertje, en de tuin in. Ik ga naar het kippenhok, kijk even achter in de sloot, en dan ga ik ook nog in alle kasten kijken. Want dat mocht nooit van mijn moeder, in kasten kijken. We mochten heel veel niet. Op zondag niet naar buiten, niet praten onder het eten, mijn ouders hadden de wind er goed onder. Nu was dat nog niet zo erg, maar mijn moeder was geestelijk niet in orde. Ze reageerde haar buien af op de kinderen, en sloot ons op. Soms mochten we twee dagen lang niet van onze kamer af.' Hij keek peinzend de tuin in. 'Op een keer, midden in de winter, had ze het zo op haar heupen dat ze me uren buiten de deur zette. Ik ben toen nog erg ziek geworden.' Hij besloot met: 'En daarom kijk ik 's nachts in haar kasten. Omdat ik denk dat ze daar flink de smoor over in zou hebben. En mijn vader ook. Nee, ik was hier niet erg gelukkig. Dit is voor mij een vreselijk huis.' Toen hij vertrokken was, keek ik geschrokken naar mijn arme huis, dat er ook allemaal niets aan kon doen. Maar ik was vooral aangedaan.

Dat ik dus niet de enige was met een heimweehuis.

*

Ik zag het eens op een oude kaart van de afdeling Bevolking. Meer dan dertig adressen heb ik gehad. Van sommige kon ik me pas na lang nadenken herinneren waar het was. Verrek ja, dat is waar ook, ik was bijna zestien, toen verbleven we een paar maanden op De Vaalt in Utrecht, een gemeentelijke opbergplaats voor onbehuisden.

Dat ging zo.

We woonden daarvoor bij een cafébaas van een kroeg die The Black Horse Bar heette, een donker etablissement in de Voorstraat met grote, leren paardenzadels als barkrukken. Er kwam een mengelmoes van buurtbewoners en hoeren die er om de hoek werkten. Boven de bar hingen beschilderde hoeven en paarden, paarden en paarden: op foto's, schilderijen, T-shirts, sjaals, biervilten, glazen. De eigenaar was een kolossale kerel met om zijn machtige tors een krakend lederen korset, dat hij moest dragen vanwege een akelige maar geheimzinnige ziekte. Het was een verzakt pand, zodat het boven, waar ik woonde, behoorlijk scheef liep. Kralen en knoopjes rolden zodoende altijd in de richting van de Domtoren.

Nu was er op mijn slaapkamer een oude gaskachel, en het was de periode dat het *Utrechtsch Nieuwsblad* een nieuwe rage meldde: het roken van het schraapsel van gedroogde bananenschillen. Dat zou een bijzondere kick geven. Ik was dagenlang bezig met het verzamelen van bananenschillen en zat 's avonds stiekem met een zakmesje de velletjes van de binnenkant te halen. Die legde ik op de hete kachel, en een eigenaardige exotische walm verspreidde zich dan door het vertrek. De restjes zagen eruit als dat wat het feitelijk was: zwartverbrande bananentroep. Ik rolde dat dan door de shag en hoestend en vreemde rooksignalen uitstotend verbeeldde ik me dat er een enorme kick aan zat te komen.

Mijn moeder deelde dus het bed met de kroegeigenaar, en soms hoorde ik uit hun slaapkamer geluiden komen die ik niet tot me wilde laten doordringen. Op een dag toen ik uit mijn werk kwam, stond mijn moeder daar op de stoep met

mijn broertje en een paar tassen, en ze zei met een strak gezicht: 'We gaan hier weg.' Ik sjokte maar weer achter haar
aan. Ze wist een kennis bij wie we wel zouden mogen slapen.
Het was al donker.

De kennis, ook een kroegbaas, reageerde afwijzend en bot.
'Sorry, mensen, daar ken ik echt niet aan beginnen.' Toen
wist mijn moeder het niet meer, en zo kwam het dat ik samen
met haar en mijn broertje een cel deelde op het plaatselijke
politiebureau. Nu officieel zwervend en dakloos probeerde ik
te slapen op de harde brits. Ik vroeg me af of ik mijn kleren en
mijn grammofoonplaten terug zou krijgen van de kroegbaas.
De dag erna konden we ons melden bij de plaatselijke nacht-
opvang, een naar lysol ruikend zalen- en gangencomplex aan
de rand van de stad, waar wij drie bedden toegewezen kregen.
Daar, in De Vaalt, de gemeentelijke opvang voor onbehuisden, vond ik dat het genoeg geweest was. Ik was net zestien en
kon voor zestig gulden per maand een kamertje huren in het
centrum van Utrecht. Mijn moeder had geen enkel bezwaar,
was misschien zelfs opgelucht dat ze me niet meer mee hoefde te slepen.

Ik ging als jongste bediende werken bij N.V. Kleedingmagazijnen De Dom aan de Mariaplaats. Grote ronde winkel-
ramen, een art-decobalkon boven een koninklijke entree, ve-
lours vloerbedekking en fluisterende winkelbediendes. Ik
moest er op een stoffig kantoor dagelijks kassabonnen optel-
len, tezamen met twee oudere, zwijgzame dames die met de
zaak vergroeid waren. Ik schreef de bedragen van die bonnen
over op een lijst, en dat moest vervolgens op nummer in een
dikke foliant genoteerd worden. Nutteloze ballast: de rokken

moesten onder nummer 108. De kunst was om het totaalbedrag van de lijst gelijk te krijgen aan dat van de bonnen. Een simpel werkje, maar het lukte mij zelden in één keer. Nog steeds geen hoofd voor cijfers. Zodoende was ik daar de hele dag mee bezig en onderwijl belde ik veel met vriendinnen via de telefoon van de zaak.

Het was er vooroorlogs rustig.

De bedrijfsleider, mijnheer Haneveld, was een tanige, lange man, die de hele dag met de handen op de rug door de winkel liep en de clientèle wervend toesprak. De modecollectie was behoorlijk conservatief en knap aan de prijs, zodat villadames uit Bilthoven en Zeist, met hun goudomrande hakjes en chique groene loden jagersjassen, er oververtegenwoordigd waren. Haneveld was voor de algemene bevordering van de verkoop. Hij kon buigen en glimlachen als de beste, en had er een groot talent voor om net op het juiste moment bij een passpiegel te lispelen: 'Dat complet staat u werkelijk verrukkelijk, mevrouw.' Achter de schermen leidde hij de zaak als een generaal.

Zijn compagnon, mijnheer Grave, was een kleine, bolle man met een streepjespak. Een klassieke directeur met een glimmend hoofd waarin een sigaar stak. Hij zat dagelijks achter een leeg bureau gewichtig te kijken, met twee handen over zijn buik gevouwen. Mijnheer Grave had geen merkbare inbreng in de zaak. Soms schelde hij, en dan moest ik komen in zijn kamer met eiken lambriseringen.

'Zo meisje, bevalt het je hier een beetje?' vroeg hij dan.

'Ja hoor mijnheer, prima mijnheer,' antwoordde ik vriendelijk. Dat was zijn bemoeienis met de bedrijfsvoering.

Hoewel de afstand tussen mijn huurkamertje en de voordeur van De Kleedingmagazijnen nog geen vijftig passen bedroeg, kwam ik verbazingwekkend vaak te laat. Niet ernstig, maar wel vaak tien minuten of een kwartier. Ik weet echt niet hoe het kwam, ik kon er niks aan doen.

Na een paar waarschuwingen kwam ik op een maandag-ochtend om 9.15 uur de winkel in gehaast. Boven aan de trap van de kantoorverdieping stond mijnheer Haneveld, de strenge. Hij hief zijn hand en galmde: 'Ho, meisje!' Ik bleef stokstijf staan. 'Het is genoeg geweest, je kunt gaan.' Waardig draaide hij zich om en verdween het kantoor in. Het was mijn eerste en enige ontslag ooit. Diezelfde middag had ik een baantje bij een uitzendbureau, als koffiejuffrouw.

∗

Mijn moeder komt langs op de fiets en gaat in de keuken aan tafel zitten. 'Gisteren ben ik naar het centrum gelopen. En te-rug. Dat klotebeen. Ik heb er wel een uur over gedaan. En met klaverjassen had ik weer niks, geen een goeie kaart, nog geen tweeduizend punten totaal.'

'Wil je koffie?' vraag ik.

'Ach ja, toe maar. Maar dan niet met die vieze koude melk uit de koelkast, geef mij maar poeder.' Voor haar eigen ge-bruik heeft ze een pot van dat spul in mijn keukenkastje gezet. Ze heeft een tupperwaredoosje bij zich met gehaktballetjes erin. 'Lekker, met sperzieboontjes erbij,' zegt ze.

'Dank je,' zeg ik, 'jouw gehaktballen zijn het allerlekkerst.' Wat ook zo is.

Ze zucht en zegt dan iets opgewekter: 'Die naaimachine, die loopt als een zonnetje. Daar ben ik heel blij mee.'

'Kun je het wel goed zien dan?' vraag ik.

'Nou, als ik een draad in de naald moet doen, pak ik de loep erbij.'

Ze laat een brief zien die ze van Visio heeft gekregen. 'Een intakegesprek, wat is dat nou weer?' vraagt ze smalend. 'Ik hoef alleen maar een betere loep van ze. Wat een gezeik.' Op 13 april moet ze komen, en men heeft haar ook al gebeld dat het wel tot juli kan duren voordat er echt wat gebeurt. 'Klerezooi,' zegt ze onverschillig. 'Nou, ik red me ook wel zonder hun, hoor.' Ze drinkt haar koffie op.

Resoluut schuift ze haar stoel naar achteren en even later staat ze op het trottoir voor mijn huis, glurend naar links, naar rechts, naar links, naar rechts. Voorzichtig en stijf stapt ze op haar oude fiets met dameszadel en rijdt weg. Als ze zwaait, durft ze haar hoofd niet om te draaien.

Heb ik mijn moeder ooit iets kwalijk genomen? Natuurlijk ben ik wel kwaad geweest, maar niet lang. Laten we zeggen dat er misschien een tussenperiode is geweest dat ik geen kind meer was, maar nog niet volwassen. Toen dacht ik nog dat er een diepere laag was, want dat leerde ik op de opleiding voor welzijnswerkers, tussen breiende meisjes en blowende jongens. Als we die laag zouden weten te bereiken, dan zouden we een volwaardige moeder-dochterrelatie krijgen. Dacht ik. Maar ik heb me er inmiddels bij neergelegd dat ze is wie ze is. Dat ik meer voor haar moet zorgen dan zij voor mij. Dat er geen vader is om tegenwicht te bieden. Zo loopt een leven nu eenmaal soms.

Niks aan te doen.

Mijn moeder kan dus heel goed selectief vergeten. Neem nou de dag dat ik thuiskwam op mijn studentenkamer en ze met mijn broertje voor mijn huisdeur stond, weggelopen bij de zoveelste vrijer. Ik had medelijden met mijn broertje en legde dus zuchtend weken achtereen matrassen met oude dekens op de grond, en onderging gelaten de nachtelijke geluiden van mijn familieleden in het kleine kamertje. Ik moest immers voor mijn moeder zorgen. Wie zou het anders doen?

Bij Greet kwam ze toen al niet meer binnen.

Op een maandagmiddag trof ik een briefje aan toen ik thuiskwam: 'Hier ben ik heen, nu zijn we je niet meer tot last.' Er stond een grote pijl op getekend naar een advertentie uit *De Telegraaf*, waarin op een 'groot kasteel met stoeterij in Zuid-Holland' een inwonend huishoudster werd gevraagd. Mijn moeder was stante pede verhuisd naar een dorp waar een vertegenwoordiger van verarmde adel zichzelf en zijn familie in leven probeerde te houden met het fokken van raspaarden. Op een immens grote zolderkamer sliep ze er met mijn broertje naast de klokkentoren, waar de raderen van het enorme uurwerk bonkten alsof er naast haar bed voortdurend werd geheid.

Van 's ochtends vroeg tot 's avonds laat maakte ze ontbijten, lunches en diners, die met een liftje naar de eetkamer werden getakeld. Zij verbleef in de ouderwetse keuken in het souterrain, waar drie gemene teckels naast de monumentale schouw sliepen. Ze beten in je benen als je er te dicht langs liep.

Toen ik er logeerde en de trap afliep, werd ik bedreigd door twee rottweilers. Ik stond boven aan de marmeren trap en de honden kwamen, als in een filmscène, dreigend en met tandengeblikker langzaam de brede trap op. Als toen niet net hun eigenaar uit zijn kamer was gekomen, was ik verslonden. Hij riep me bij zich in zijn indrukwekkende werkkamer en sprak: 'Jij moet goed voor je moeder zorgen.' Ik was verrast. Natuurlijk moest ik dat, dat had ik altijd al gedaan.

Maar hoe wist hij dat?

De eerste verhalen waren fantastisch. 'Je broertje rijdt paard! Er zwemmen zwarte zwanen in de slotgracht!' Na enkele maanden vetrok ze er weer. ('Uitbuiters zijn het, ze kenne doodvallen!'), en het eerste bericht kwam uit Amsterdam, waar ze kennis had gekregen aan ene Barend uit Betondorp. Die reed in een geel-bruin gestreepte Vauxhall Viva en bleek zo dwangneurotisch netjes dat hij elke ochtend opnieuw de keukenspullen op de plank in een bepaalde slagorde zette. Een poosje later sta ik op hun bruiloft met een keurige zwarte overgooier aan en een witte blouse eronder. Alleen opa was er, de rest van de familie geloofde het wel. Barend bleek een chagrijnige vent bij wie je op kousenvoeten door het huis moest lopen, en als je zijn telefoon gebruikte, moest je een kwartje in een busje gooien. En wie aan zijn vlaflipauto kwam, sloeg hij dood.

Maar een halfjaar later belde mijn moeder me op.

'Verrassing!' riep ze opgewekt.

'Wat nou weer?' vroeg ik wantrouwig.

'Ik woon weer in Utrecht.' Ik zuchtte hoorbaar en haar humeur sloeg om.

'Jij bent altijd zo negatief, hè, je vindt het zeker weer niks. Bah. Ik heb een eigen huisje nu, als je daar nou ook eens gewoon blij om kon zijn.' En in die ene straat had ze in drie jaar tijd vier woningen. Een benedenhuis, een bovenhuis, een benedenhuis en een bovenhuis.

Ik weet dat nog precies. Alles. Maar als ik erover begin, zegt mijn moeder bijna verwijtend: 'Dat jij dat allemaal onthoudt. Ik weet dat echt niet meer, hoor.'

＊

Ik werd zelf van mijn eerste kamer af geschopt na een maand huurachterstand en kwam toevallig terecht bij een stichting die een hofje met middeleeuwse huisjes aan het Lepelenburg in Utrecht beheerde. Liefhebbers moesten solliciteren bij regentessen die deze nalatenschap van een oude Utrechtse weldoener beheerden. Ik ging op gesprek in een statig grachtenpand met marmerbevloerde gangen. De weldoende dames informeerden naar mijn ellendige levensomstandigheden, en ik dikte stevig aan. Een week later had ik de enorme sleutel van nummer 6 in mijn zak. Mijn huisje lag in een zijsteegje en toen ik er de eerste keer kwam, raakte ik totaal ontroerd. Een voordeur! Met een huisnummer! Een raam! En ook nog een zolder! Een uitzicht! En allemaal van mij!

Het huiskamertje bevatte een bedstee, veel balken en een oude schoorsteen. In een hoekje bevond zich een schuin afgetimmerd hok met een piepend deurtje ervoor, dat niet dicht kon als je met een schoenmaat groter dan 36 op de poepdoos zat die zich daarachter bevond. De ellende met die doos was alleen dat hij niet meer doorspoelde naar de gemeenschappelijke middeleeuwse beerput, hoeveel emmers water je ook achter je uitwerpselen aan kwakte. De gemetselde afvoer was ingestort, en de vroedschap kon restauratie niet betalen. Elke twee maanden speelde zich er dus het volgende tafereel af: ik hulde me tot aan de nek in vuilniszakken die ik aan elkaar geplakt had, en schoof ten slotte een krappe latex badmuts op mijn hoofd. Zo flatste ik, bijna op mijn kop staand, de derrie in een zak, die ik vervolgens leeg kieperde in de Catharijne-singel. Ook merkte ik in die strenge winter de tweede reden op waarom er geen bejaarden meer in deze huisjes wilden wonen: er lag na een storm binnen net zoveel stuifsneeuw als buiten, en ik liep er een acute bronchitis op. Het was er niet warm te stoken, maar ik betaalde dan ook geen cent huur. Ik verfde de muren zwart, paars en oranje, maar na een aantal jaren moest ik er weg vanwege renovaties. Ik begreep toen niet hoe mijn moeder zo nonchalant elke keer weer kon verhuizen. Verschrikkelijk heb ik het altijd gevonden.

*

Toen mijn broertje uit huis was en ik ver weg ging wonen, kreeg mijn moeder een zwaar onderbetaalde baan aan de Oudegracht bij een drukke wasserij, waar de hete stoomwolken van alle kanten uit het gebouw werden geblazen. Ze overleefde door de fooien die ze kreeg; strijken en vouwen kon ze namelijk als de beste. Af en toe stuurde ik haar wat extra geld.

Mannen wilde ze niet meer. Als ik iets suggereerde in die richting ('een gezellige weduwnaar, niets voor jou?') maakte ze kokhalsgeluiden. Er kwam geen kerel meer bij haar over de drempel.

Ze trok daar in Utrecht nog wel steeds van het ene huis naar het andere, en het gebeurde weleens dat ik bij haar op bezoek kwam en dan twee verhuizingen achterliep. In nieuwe agenda's reserveerde ik dus voor haar achterin altijd een hele pagina bij de letter M om dat te kunnen bijhouden, maar ik maakte me geen zorgen, *business as usual*.

Op het laatst woonde ze in een achterstandswijk vol dichtgespijkerde ramen en deuren, in een goedkope benedenwoning die ze de hemel in prees vanwege de leuke ouderwetse schuifdeuren en de gezellige kleine keuken. Ik nam het voor kennisgeving aan. Later kwamen er klachten over lekkages, tocht, schimmel in de keukenkastjes en de flinterdunne wandjes waardoor ze alle conversaties van de buren kon horen. Niet verstaan, want er woonden alleen buitenlanders. Toen er een gezin van tien mensen boven haar kwam wonen en er vanaf het balkon dagelijks naar haar werd geschreeuwd en vuilnis in haar tuin werd gekieperd, belde ze in paniek op. Ze klonk bang.

Dat was de dag waarop ik zei: 'Er zijn bij mij in de buurt leuke ouderenwoningen te huur.'

Mijn moeder wilde haar hele leven al ergens bij horen, en was daar ook haar hele leven rücksichtslos maar vergeefs naar op zoek geweest. Nu paste ze op de kinderen, poetste mijn gasfornuis glimmend schoon en zette de bloemkool in het water voordat ik uit mijn werk kwam. Het zorgde ervoor dat ze zich geborgen voelde, nuttig. En misschien heeft ze zo ook wel een rekening willen vereffenen.

Maar ook hier in de buurt lukte het haar in een paar jaar tijd om vijf keer te verhuizen. Toen ze het flatje betrok waar ze nu woont, heb ik streng gezegd dat het de laatste keer was dat ik dozen sjouwde, muren witte en met haar naar de Kwantum ging voor alweer een nieuw stuk beige gemêleerde bejaardenvloerbedekking. Nu klaagt ze nog wel, maar ze durft niet meer over weggaan te beginnen.

Daar is ze ondertussen ook te oud voor.

*

Op zondagmiddag, eerste paasdag, ga ik een stukje rijden met mijn moeder. Ze stapt rillerig in de auto, en ik vraag waarom ze geen jas aanheeft. Het is nog geen zeven graden, met af en toe zon en een schrale wind. 'Ik weet bij dit weer gewoon niet wat voor jas ik aan moet,' zegt ze narrig. 'Die witte winterjas is te dik, en een colbertje is te dun. Nou, dan trek ik net zo lief niks aan.' Als we een eindje op weg zijn – ik kies altijd routes langs oude boerendorpjes, want daar houdt ze van – klaart ze op.

'Lekker hoor, er even uit,' zegt ze, en ze tuurt door haar bril uit het raampje.

Ik ben blij dat ze ervan geniet en wijs haar op de bloeiende tulpenbomen en de gele forsythiastruiken onderweg, en gelukkig kan ze die heldere kleuren wel onderscheiden. In de auto zegt ze altijd dezelfde dingen, en ik hoor ze ook vandaag weer allemaal voorbijkomen:

'Kind, dat jij toch overal de weg weet, ik zou nu echt niet weten waar ik was. Ik zou me geen raad weten als ik hier stond en alleen naar huis moest.'

'Wat is het voorjaar toch mooi, vooral dat prille groen, hè?'

'Toch jammer dat ik nooit mijn rijbewijs heb gehaald.' (Ze heeft zeven keer rijexamen gedaan en is, Gode zij eeuwig gedankt, nooit geslaagd.)

'Zeg, je leest weleens dat mensen de macht over het stuur kwijtraken. Hoe kan dat nou, de macht over het stuur kwijtraken?'

'Die kleine oude boerderijtjes, die vind ik het mooist. En wat is het daar altijd netjes geharkt, vind je niet? Dat moesten wij vroeger ook altijd thuis, het grind harken.'

We lopen even binnen bij een paasantiekmarkt, waar ze een ketting pakt: oud goud met een glanzende gele edelsteen erin. Ze kan op het piepkleine witte kaartje dat eraan bungelt niet zien wat hij kost en vraagt het aan de standhouder. 'Honderdvijfenzestig euro, mevrouw,' zegt de man, waarop mijn moeder luid zegt: 'In geen honderdvijfenzestig jaar!'

'Maar het is antiek, en echt goud,' zeg ik.

'Ja, ja, maar dat dragen wij toch niet,' zegt ze, en ze loopt door naar een standje met oude kerkboekjes en rozenkransen. Vertederd bekijkt ze de katholieke parafernalia. 'Ach ja, dan moest je biechten, en dan moest je voor straf een heel rozenhoedje bidden.'

Ze wijst op een olieverfschilderij van rode anemonen. 'Kijk, dat vind ik nou mooi.' Ik zeg maar niet dat het meer dan drieduizend euro kost. Hier en daar pakt ze beeldjes op om aan de onderkant te kunnen bekijken wat ze kosten. Ze laat steeds sissende geluiden horen. Ik moet me bedwingen om de breekbare voorwerpen niet uit haar handen te grissen.

Bij een bronzen art-decobeeld, een gestileerde uil, ziet ze dat de vogel tweeduizend euro kost. 'Tjezes, wat een geld. Nou, ik zie het er niet aan af, hoor.'

'Je moet het vergelijken met een Rembrandt,' zeg ik. 'Het is mooi en zeldzaam.' Ik erger me eraan dat ze nergens verstand van heeft, maar realiseer me tegelijkertijd dat ook ik eerst naar de prijs kijk. Altijd en overal. En waar heb ik nou eigenlijk echt verstand van?

Dat van die Rembrandt gaat er bij haar in elk geval niet in. Ze is moe. We gaan zitten aan een soort bar en nemen een broodje ham en een kop koffie.

'Daarnet stond ik naast iemand en die stonk toch naar knoflook,' zegt ze met walging in haar stem. Ze roert in haar koffie. 'Ik ging zowat over mijn nek. Als jij trouwens nog verder wilt kijken, ga je gang maar. Ik zit hier best.'

Ik koop ten slotte een jarendertigbarometer voor mezelf die zij ook wel mooi vindt. 'Die staat mooi bij jou, tussen jouw spulletjes.' We kijken buiten nog even op de grote tafels met tweedehands boeken, en ze vist een kookboekje uit de stapel. 'Kijk, leuk, dan kan ik een beetje kokkerellen.' Ik blader er snel doorheen. 'Er staan inktvisgerechten in, en knoflookaardappeltjes. Wil je dat wel?'

Ze legt het meteen weer weg.

Het is knap koud buiten en de wind steekt op. Het wordt al donker en ijskoude druppels jagen ons naar de auto, waar de temperatuur behaaglijk is doordat de zon erop gestaan heeft. Tevreden zit ze weer naar buiten te kijken. 'Mooi, die wolken zo,' zegt ze genietend. 'Zo, we hebben een broodje gehad, en koffie, hier is het lekker warm. Ons kan niks gebeuren.'

Twee weken later melden we ons weer bij de vaatchirurg. Er staan mensen in de rij bij de balie, en ze meldt zich daar vlak voor de neus van een andere man die ook stond te wachten. Ze excuseert zich als ze het merkt, maar krijgt later wel de pest in als hij eerder naar binnen mag. De specialist loopt heen en weer van zijn spreekkamer naar de diverse behandelkamers en lijkt op een chef-kok die van pan naar pan loopt. Als hij bij ons in zijn spreekkamer komt, gehaast in de status kijkend, maakt hij een ongeconcentreerde indruk. Hij concludeert snel dat er nog wat andere onderzoeken moeten plaatsvinden, zodat we na enkele minuten al weer buiten staan. Een week later volgen die onderzoeken, en over drie weken moeten we terugkomen. 'Mevrouw wordt besproken in het artsenoverleg,' zegt de assistente, 'en dan mag ze terugkomen.'

Mag.

Dat toontje.

Het gaat wel over mijn moeder, hè.

*

We blijven lekker bezig, want de week daarna kunnen we eindelijk voor een intakegesprek naar Visio. Mijn moeder lijkt het vergeten te zijn. 'En ik ga ook niet, hoor. Ik ben niet fit, ik heb er helemaal geen zin in.'

Ik haal haar over en even later zitten we toch samen in de auto. Als we de hal binnenkomen door de automatische glazen schuifdeuren, is de receptioniste in gesprek. Ze neemt net de telefoon op: 'Goedemorgen, Visio, kan ik u helpen?'

Mijn moeder begint terug te praten.

'Ja, goedemorgen, we hebben een afspraak.' De vrouw gebaart dat we moeten wachten.

Ze verwijst ons naar een wachtkamer met blauw marmoleum en drie stalen stoelen, waar een paar immens saaie folders liggen over vakanties voor het gehandicapte kind en over hulpmiddelen voor slechtzienden in de keuken, zoals Nederlandssprekende maatbekers.

De man die ons ophaalt, is jong. Hij begint een gesprekje met mijn moeder zonder dat hij papieren bij zich heeft. Er ligt alleen een schrijfblok. Hij vraagt van alles, totdat ik hem attent maak op de enorme moeite die we hebben moeten doen om stapels medische gegevens over mijn moeders ogen op zijn bureau te krijgen.

'Dat weet ik best wel, maar ik vraag het liever eerst zelf,' zegt hij geïrriteerd.

Hij vraagt hoe ze zich redt.

Triomfantelijk haalt ze het loepje van een euro uit haar jaszak. 'Hiermee,' roept ze lachend. Ze vindt het wel een stunt. 'Kijk, zoiets wil ik, maar dan groter, dat ik een legpuzzel maken kan, of kan borduren.' Een eenvoudige hulpvraag, lijkt mij, maar dat gaat zomaar niet. Er moeten een oogarts en een

106

optometrist aan te pas komen en dat gaat veel tijd kosten. Dit was alleen nog maar de intake. Zo onderhand geef ik mijn moeder gelijk als ze gaat kankeren op het koningshuis. 'Moet dat wijf van Beatrix maar eens wat hebben, zul je zien hoe hard die dokters lopen. En reken maar dat zulken meteen geholpen worden.'

Dat denk ik ook wel, ja.

Ik eet bij haar die dag. Als ze wil inspecteren of de aardappels gaar zijn, prikt ze erin met de vork. Het ziet eruit alsof ze ze aanvalt.

Als ik haar wat kleurige violen in een pot breng, zit ze in de huiskamer met de deuren en ramen potdicht, terwijl het een warme voorjaarsdag is en alle andere bejaarden de balkondeur lekker open hebben. De verwarming staat hoog, en samen met de poes kijkt ze naar *As The World Turns*. Ik meld dat ik haar kennelijk stoor, maar verwacht toch ergens dat ze de tv uitzet en zegt: Ach, ik kan morgen de herhaling wel zien. Maar ze beaamt wat ik zeg: 'Ik zei tegen de kat toen de bel ging: zul je zien dat er nou net iemand komt, bah.' Ze laat nog even vol trots een gordijntje zien dat ze heeft gefabriekt op de oude naaimachine en dat ze met een plastic waslijntje voor haar zolderraam heeft gespannen, maar dan moet ik eigenlijk wel wegwezen. Ik zet de viooltjes op haar balkonnetje en vertrek.

Op haar tafel lag een brief met de grote letters van de blindeninstelling. In juni kan ze langskomen voor een meting, dat scheelt weer een maand.

Mijn moeder is bij mij thuis. Ze wil graag naaien op haar machine, maar ik vertrouw het niet helemaal, zodat ik kleding meegeef die eventueel verprutst mag worden. Ik steek hier en daar wat spelden in een rok en een broek, en ze fietst er even later blij mee weg. Ze heeft nog wel verteld over Greet. En over broer Leo.

Ze belt Greet iedere dag en heeft tegen haar gezegd: 'Hè hè, gelukkig komt volgende maand het vakantiegeld weer.' Toen was Greet zo vreemd stil geweest en even later had Greet verteld dat ze onder curatele stond, omdat ze haar huis bijna was uitgezet vanwege huurschulden. Jarenlang leven van een paar tientjes per week en ook nog het vakantiegeld inleveren.

'Nou,' zegt mijn moeder, 'gadverdamme, ik moet er niet aan denken. Maar ze heeft het aan zichzelf te danken. Mij zal dat niet meer overkomen.' Ze zit er trots bij in haar nieuwe rol van vrekkige oude vrouw. Voor haar geen armoe meer. En neem broer Leo, altijd vrijgezel gebleven. Die centrifugeert zijn kleding en zet dan het afwasteiltje in de wc om het water te gebruiken voor het doorspoelen. Dat vertelt ze me vaak.

'Dat is een beetje raar,' zeg ik dan.

'Maar wel zuinig,' vindt mijn moeder.

Leo scheurt ook elke dag de post die hij niet hoeft te bewaren in kleine snippers en spoelt ze door de wc. Alleen de krant gaat bij het oud papier. Mijn moeder kijkt wat onbestemd. Ik heb haar er eens op betrapt dat ze wc-papiertjes droogde op de verwarming. Ik verdenk haar ervan dat ze die meerdere malen gebruikt. Ook zag ik een andere keer dat ze haar plas niet doortrekt; ik vermoed dat ze dat zonde van het water vindt of dat ze niet wil dat de benedenbuurvrouw het hoort. Ze legt ook theezakjes en koffiefilters op de verwarming omdat het huisvuil gewogen wordt en per kilo moet worden afgerekend. Ik zeg er niks van, ik kijk wel uit. Ik wil er niet eens over nadenken.

*

Zondagochtendbezoek.

Ik geef haar koffie en ze vertelt over de bejaardenmiddag vol festiviteiten waar ze erg naar uitgezien had. 'Het was niks. Een duffe goochelaar en een vals bejaardenkoor. En ze zongen zo galmend, van die stomme liedjes van de olieman en zo. Maar het buffet was lekker. Je moest er wel tafeltje voor tafeltje heen, want anders wordt het een zootje natuurlijk, maar heerlijk! Salades, aardbeien, ananas, van alles.'

Ik opper dat ze wel weer eens een busreisje kan gaan maken, een dagtochtje of zo. 'Ben je mal. Wij gaan niet meer op reis, hoor.'

*

Ooit, toen zij veel jonger was, en ik ook, ging ik met haar een paar dagen naar Parijs, met de trein. Zoals altijd was de ingang van het Parijse hotel veelbelovend luxe, met marmer, mooie lampen en een gedistingeerde balie met een koperen bel. Boven troffen we vlekkerige vloerbedekking en een hotelkamer met de lucht van verschaalde rook. Het klamme bed leek naar sperma te ruiken en mijn moeder keek een beetje teleurgesteld rond. Elke ochtend als we wakker werden vroeg ik haar: 'Wat zullen we vandaag gaan doen?'

En elke ochtend was haar antwoord: 'Zeg jij het maar, kind, ik heb daar geen verstand van.'

'We kunnen kiezen. Kijk maar op de kaart.' Maar mijn moeder keek niet echt, want die vreemde stad met metro's vol

Franssprekende mensen die ook nog eens zo anders roken dan zijzelf, beangstigde haar. Ze week geen seconde van mijn zijde.

In de hotelkamer ging ze 's avonds op het bed zitten. Het was halfzes, een leeg uur in Parijs. Niemand ging dan al eten, en mijn moeder werd rond zes uur onrustig. 'Hóé laat eten ze hier, zeg je? Acht uur? Halfnegen?' Verbijsterd had ze gezwegen. Elke avond zaten we tot vijf voor acht op onze kamer. Zelf las ik een boek, mijn moeder had één tijdschrift meegenomen dat ze voortdurend, met veel geknisper, zat door te bladeren. Ze moest het al wel tien keer gelezen hebben. Die zwijgende uren. Ik staarde dan krampachtig in mijn eigen boek en probeerde me af te sluiten voor de geluiden van mijn moeder. Tegelijkertijd had ik er de pest in dat ik me zat te ergeren. Een paar minuten voor acht maakten we ons klaar. In de kleine eetzaal van het hotel waren we altijd de eersten. De ober stond de wijnglazen te poetsen en nog niet alle lichten waren aan.

Dan de menukaart. 'Kind, zeg jij het maar, als er maar geen knoflook in zit, hè, dat weet je wel.'

De wapenspreuk van mijn moeder. Als er maar geen knoflook in zit. Mijn moeder eet het liefst elke dag gewone aardappels, gekookte groente en een stukje vlees. Dat bestelden wij ook steeds, maar toch kwam er elke keer iets op tafel waar wel iets mee mis was. In de puree zat toch, ja, kind, misschien geen knoflook, maar toch iets dat er verdomde veel op leek. En hoe ze hier de boontjes klaarmaken, nou, ik snap bij god niet wat ze ermee doen, maar ze smaken echt héél vreemd. En wat is dit voor vlees? Gehakt? Maar wat doen ze d'r hier allemaal door dan? En dan die saus, ik weet dat jij er ook niks aan kan doen, maar die saus is niet goed meer, geloof ik, moet je eens ruiken!

Uiteindelijk vonden we voor haar iets eetbaars wat ermee door kon, en wat ze toen dus elke avond nam. De ober wist het. We namen plaats aan ons vaste tafeltje, vlak bij de ingang. Ik pakte mijn camera. 'Morgen weer naar huis, ma, maak ik nog even een mooie foto.' Ik wist dat mijn moeders grootste triomf kwam als ze thuis de opnames aan de buurvrouwen kon laten zien. Doodsbang in Parijs, maar gloriërend tussen de rollators thuis. Ik knipte er twee, met flits, toen de voorgerechten op tafel stonden. Ik zag hem toen al voor me, de overbelichte foto met die twee borden knalrode tomatensoep.

Er kwam op een avond ook eens een ouder Frans echtpaar binnen, stijf arm in arm, grapjes in elkaars oor fluisterend. Ze zoenden elkaar. Mijn moeder kneep haar lippen samen en trok haar ik-zeg-niks-maar-ik-denk-er-het-mijne-van-gezicht.

Zonder dat we wat hoefden te bestellen, kwamen er vervolgens frietjes, sla en een eenvoudig biefstukje op tafel. De kok was geïnstrueerd om het vlees te bereiden buiten bereik van welke knoflookteen dan ook, op een brandschone hete bakplaat die nog nergens mee in aanraking was geweest. Mijn moeder sneed de frieten en het vlees klein, en husselde dat op haar bord door de sla.

'Lekker hoor,' zei ze, 'net als thuis.' Toen de dame blanche arriveerde, nam mijn moeder een hap van de royale toef slagroom. Gelukkig, daar kan geen knoflook in zitten, dacht ik. Ze zei met volle mond: 'Gadver. Er zit geen suiker in. Daar moet je wel wat van zeggen, hoor.'

Ik vroeg haar er laatst nog eens naar.

'Parijs? De mooiste vakantie van mijn leven,' riep ze opgetogen. 'Geweldige stad!'

*

We lopen mijn tuin in. Het is nog fris van een bijna-vorst-nacht, maar de zon schijnt lekker warm op onze rug. Mijn kat loopt buiten in de zon te springen naar vlinders die hij niet kan vangen. 'Ook al zo'n stom beest,' zegt mijn moeder. 'Die van mij ook. Zet hij zijn nagels uit, vergeet hij ze in te trekken. Dan loopt hij zo stom rond, geen gezicht. Zeg ik tegen hem: man, trek die nagels nou in! Hij was wel even op het balkon trouwens, maar ja, een man met een hond op straat en weg is-ie. Achterlijk beest.'

De dag ervoor had een vrouw bij haar uit de straat aan mij gevraagd: 'Zeg, praat jouw moeder in zichzelf? Ze fietste laatst langs me en ik dacht dat ze wat tegen me zei, maar dat was niet zo.'

Als ik erover begin, zegt mijn moeder korzelig: 'Ja, dan kanker ik op de wind. Altijd als ik hier vandaan kom heb ik wind tegen. En dan gaat die weg ook nog omhoog. Dan zeg ik: godverdomme, klotewind.'

Ze constateert dat het toch nog koud is en zegt, kippig op haar horloge kijkend: 'Maar ja, je moet rekenen, met die zo-mertijd, voor de natuur is het nog een uur vroeger.'

*

Ze is weer naar de vaatchirurg geweest. 'Nou, raad eens wat, het ligt niet aan de vaten. Hij zegt: mevrouw, ik kan niks ont-dekken. Nu moet ik naar de neuroloog.' Haar stem klinkt een beetje trots, alsof het een regelrechte eer is naar een neuro-loog gestuurd te worden.

'Wat denkt hij dan dat het is?' vraag ik, toch lichtelijk be-zorgd.

'Weet ik veel,' zegt ze. 'Maar nou nog eens wat. Wat is dat eigenlijk, een neuroloog? Wat doet zo iemand?' Er klinkt angstig wantrouwen doorheen. Ik probeer het uit te leggen.

Een paar dagen later loopt ze plots wat beter.

Ik bel haar, en ze vertelt: 'Ik heb vandaag een uur gelopen, ik ben knap moe.'

'Een heel uur?' zeg ik verbaasd. 'Hou je dat wel vol dan?'

'Dat móét ik volhouden,' zegt ze venijnig. 'Ik heb geen zin in zo'n neuroloog.'

Dan gaat ze naar de huisarts, die besluit dat ze er toch heen moet. Ineens is ze er toch weer mee ingenomen. 'Het kunnen de zenuwen zijn,' zegt mijn moeder vergenoegd. Dat zijn tenminste bekende geluiden. Zenuwen. Daar kun je wat mee. Ook al gaat het nooit meer over, je kunt je partijtje meeblazen in de bejaardenklaagzang. Ja, het been. De zenuwen, hè, niks aan te doen. Dat zei de dokter ook al, ja.

Ze is bijna jarig. Ik haal haar als traktatie op om een ritje te maken naar een Gronings landgoed waar een 'lentefair' gehouden wordt. Als ze instapt, ruikt ze weeïg uit haar mond naar de sigaret die ze net heeft gerookt.

'Waar ligt dat eigenlijk, Leek?' vraagt ze lichtelijk argwanend, alsof ik haar mee wil nemen naar een onbekend en ver buitenland..

'Een halfuurtje hiervandaan,' zeg ik. Ze heeft geen idee meer van topografie en zou met geen mogelijkheid op een landkaart kunnen aanwijzen waar we ons bevinden. Ik zou net zo goed naar Brabant kunnen rijden, ze zou het verschil niet merken. In een vakantieprogramma op tv lieten ze Nederlandse toeristen in Spanje op een wereldkaart aanwijzen waar ze zich dachten te bevinden. Het was een beetje angstaanjagend te zien hoe sommigen werkelijk meenden in Zuid-Amerika of Turkije te zijn. Ook voor mijn moeder is de wereld vol ongekende verten.

Als we zijn uitgestapt op de grote parkeerplaats moeten we nog een flink eind lopen door een stukje bos, en ik wijs haar de struisvogels, de lama's in de kinderboerderij die er vlakbij ligt, de zwanen in de vijver.

'Mooi, hè, de natuur,' zegt ze opgetogen als ze naast me voortstapt.

De entreeprijs blijkt acht euro te zijn en ik betaal het snel, zonder dat ze het in de gaten heeft, als de dood dat ze luidkeels gaat verkondigen dat het bezopen is om zoveel geld te betalen om iets te mogen kopen. De fair blijkt een verzameling verwendedameswinkeltjes te zijn, vol tuinmeubels, dure planten, tuinlaarzen van honderd euro en kunstige smeedijzeren roostertjes om ze aan af te vegen. Er zijn ook sieraden, en ik koop een ketting voor mijn moeder, witte glimmers. Dat vindt ze prachtig.

We nemen ook nog elk een hangplant voor buiten en gaan dan op het terras zitten, naast het oude kasteeltje op een soort balkon aan het water.

Ze heeft honger. Ik weet wat ze wil: een broodje kroket of een broodje ham. Ik kijk op de summiere, veel te luxe kaart en zeg: 'Ze hebben hier drie soorten sandwiches. Je kan kiezen uit brie, kip of zalm. Maar je kan ook appeltaart nemen.'

Ze besluit tot een sandwich met zalm. Ik neem kip. Mijn moeder krijgt twee dunne sneetjes witbrood met dikke plakken gerookte zalm ertussen. Ze neemt een hap en griezelt.

'Niet lekker?' vraag ik.

'Ik dacht van die zalm uit een blikje,' zegt ze teleurgesteld.

'Ik eet het wel op, maar ik hoef dit nooit meer.' Ik geef haar de helft van de kipsandwich en eet zelf de zalm op. De koffie vindt ze te sterk.

We wandelen nog wat rond. 'Nou, ik vind het geweldig, zo'n dagje uit,' zegt ze.

Als we weggaan is ze kapot. Haar benen doen zeer en ze sjouwt ook nog twee tasjes vol planten met zich mee. Ik mag ze niet dragen voor haar. 'Ben je gek. Dat moet ik kunnen.' Hijgend zit ze vervolgens in de auto en we rijden binnendoor naar huis. Genietend kijkt ze naar buiten, naar de heldergele koolzaadvelden. 'Mooi, hè, de natuur,' zegt ze weer.

's Middags spelen we nog een potje kaart. Als de koffie mijn neus uitkomt, zeg ik voor de grap: 'Nou, zet de nootjes maar op tafel en schenk maar een stevige borrel in.' Ze zegt ontzet: 'Ja, dat heb ik niet, hoor. Ik weet toch niet dat jij dat wilt. Dat had je moeten zeggen.'

De maandag erna is ze echt jarig en ik bel haar 's morgens op, vroeg, om acht uur. Ze blijkt al pontificaal klaar te zitten, gedoucht en aangekleed, want 'Leo belt altijd al op tijd, hoor, om halfnegen al, zo gezellig'.

's Avonds is ze content. 'Ik heb geteld, er hebben tien mensen gebeld!'

Als mijn broertje tien jaar wordt en naar school moet, blijkt dat mijn moeder vergeten is om uitdeelsnoep te kopen. Haastig zoekt ze alle kasten na. Ze vindt een paar chocoladerepen, die ze slordig in stukjes breekt en in een trommeltje stopt.

'Dat is ook lekker, hoor,' zegt ze. Mijn broertje durft bijna niet naar school. Op school pakken de kinderen zwijgend een stukje chocola. Hij komt nog te kort ook.

*

Laat je nooit overweldigen door rampen of drama's, laat je niet kennen, ga rustig zitten, drink je koffie, rook je sigaret, en dan ebt het vanzelf wel weer weg.

Er een beetje boven gaan hangen, het probleem van een afstandje bekijken, dat hielp ook heel goed: kijk, daar zit een meisje. Ze is nu zestien jaar en zit op een heel klein kamertje van zestig gulden in de maand in een groezelig pandje in de binnenstad waar 's nachts de voordeuren openstaan omdat de sloten eruit zijn. Ze heeft geen rooie cent en hoort 's nachts dronken kerels langs haar gebarricadeerde kamerdeur scharrelen. Als ze uit haar raam kijkt, ziet ze enkel hoge bakstenen muren van een piepklein binnenplaatsje, op een meter afstand. Alleen als ze haar hoofd in een onwaarschijnlijke hoek uit het venster steekt, ziet ze wolken. De duif die ze er een tijdje lang in een kooi hield, heeft ze na een paar weken al vrijgelaten, zo graag wilde ze dat hij uit dat benauwde hokje naar de blauwe lucht vloog.

Als mensen vragen hoe het bevalt, zegt ze enthousiast: 'Te gek, man!' Maar zittend op het bed, starend naar het rotan tafeltje en stoeltje en de groen en paars geschilderde wanden waarvan het tengelbehang met elk zuchtje wind op en neer wappert, weet ze het vaak even niet.

Wat moet zo'n meisje dan gaan doen?

Ze draait Sergeant Pepper's op een blauw-wit draagbaar Philipspick-upje en ze gaat maar een baantje zoeken. Als koffiejuffrouw op de universiteit, of verkeersteller bij de gemeente. En och ja, laat haar ook maar een typediploma gaan halen, dat is altijd handig, hoewel typen nooit met tien vingers lukt. Met de pink de 'a' en de 'l' aanslaan op zo'n grote Remington, dat wil niet. Maar iets later krijgt ze wel een echte baan als typiste, wat een vooruitgang genoemd mag worden. Ze mag dan op de typekamer zitten van de Vereniging van Artsen Automobilisten aan de Reigerstraat, waar het Hoofd Typekamer de meisjes in de ruimte heeft geposteerd als slaven op een galeischip. Hij was ook de man die haar bij zich riep en zei: 'Kijk juffrouw, zou u dit bij mij durven inleveren?' Naast hem stond een bleu meisje dat veel spelfouten maakte. Ze keek dan ongemakkelijk naar het slachtoffer en zei zachtjes: 'Nee, mijnheer.' In de kroeg liet ze zich er nog op voorstaan ook, dat ze bij de artsen-automobilisten werkte, alsof de glans van dat beroep afstraalde op een meisje in de typekamer.

En zie, ze heeft ook een poosje een vriendje, een student psychologie uit Den Haag die haar uitlacht omdat ze niet weet wat *apotheose* betekent. Die Latijn en Grieks kent. Die op haar kamertje met zijn gestudeerde vriend discussies voert waar ze niets van begrijpt, die marxistisch-leninistische sympathieën heeft en haar daar loodzware teksten over laat lezen. Die ludieke acties op de universiteit voorbereidt – ze vouwen samen papieren bloemen om ze ergens in een collegezaal naar binnen te werpen. Het ging over numerus fixus. Ze wist niet eens wat het was en had geen idee waarom er papieren bloemen aan te pas kwamen. En die in het koffiehuis van Tante Janny aan de Vismarkt bewonderend een meisje nakijkt en vanachter zijn koffie mompelt: 'Die is slim, zeg, daar kun je tenminste mee discussiëren.'

Weet je wat zo'n meisje moet gaan doen? Die moet maar eens terug naar school, want met alleen een typediploma kom je kennelijk niet zo heel erg ver. En zo vindt ze zichzelf terug in een klas van de mms, na anderhalf jaar avondulo overleefd te hebben met een leraar boekhouden die ongelooflijk dampig uit zijn bek stonk. Bovendien wenste hij correcte antwoorden op vraagstukken die haar totaal ontwricht achterlieten: *Commissionair W. Derksen verkocht voor zijn opdrachtgever 113 kisten thee, brutogewicht 63,5 kg per stuk, tarra 4,38 per kist, tegen de prijs van fl. 3,71 per kg. Rabat 4,7%. Contant 1,34 %. Vrachtkosten fl. 1,50 per kist, assurantie 1½ % over de waarde van 60 % van het nettogewicht; pakhuishuur fl. 35,–, laden en lossen fl. 25,–, commissie 2,43 %. Stel de rekening samen die de opdrachtgever ontving.*

Ze haalde haar middenstandsdiploma met een drie voor bedrijfsrekenen.

Ik kreeg een studiebeurs en werkte naast school vier avonden per week, met een verplicht rood mantelpakje aan, in een grote bioscoop in Utrecht. Hoewel ik had gehoopt daar veel films te kunnen bekijken, zag ik er zesenzeventig keer de originele versie van *The Thomas Crown Affair*. In die tijd besloot ik ook om iets aan mijn tanden te laten doen, en ik ging naar een tandarts in De Bilt, die gespecialiseerd was in zeer angstige patiënten. Vooraf was ik er al eens langs geweest zonder dat hij iets mocht doen. Voor de keer daarop had ik een valiumpil meegekregen.

In de trein erheen kneep ik in de leren bekleding van de banken en beet ik mijn lip kapot, zo strak van de zenuwen stond ik. De korte wandeling van het station naar zijn witte villa voelde als een kruisweg (met mooi, helder najaarsweer, vlak na een regenbui, de zon speelde door de takken van de bomen, maar in mijn herinnering gaf het dramatische schaduwen op de stoep en sloegen de druppels die van de takken vielen venijnig hard in mijn gezicht), en toen ik aanbelde, klonk het galmen van de ouderwetse voordeurbel als een onheilsklok. De valiumpil voelde ik in het geheel niet, maar wel de koude leren bekleding van de tandartsstoel en de metalen instrumenten in mijn mond. Mijn rug werd nat van het zweet.

'Meisje,' zei de vriendelijke tandarts geschrokken toen hij de verwoesting had aanschouwd, 'wat hebben ze met jou gedaan?' Ik had het liefst een potje gehuild daar, om mijn bruine gebit met gaten, de tweederangs avondschool, Arie met zijn rare onderbroek, het hoedjes plakken aan de oude keukentafel, en omdat ik niet wist wat apotheose betekende. Maar huilen had ik afgeschaft. Dan kon ik wel aan de gang blijven.

Hij trok uiteindelijk vier voortanden. Het voelde alsof hij ze uit mijn neusbeen trok, en het kraakte verschrikkelijk. Ze lagen in een roestvrijstalen bak: vier zwartbruine bottige tanden met opvallend lange wortels eraan. 'Je hebt nu wel kans dat je bovenkaak eerder gaat invallen,' zei de tandarts nog.

Mijn moeder had bleek wegtrekkend gezegd: 'Naar de tandarts? Durf je dat wel? Ben je niet ontzettend bang voor de pijn? Zou je dat nou wel doen?'

Ik moest nog veel moeite doen om haar gerust te stellen.

Op de middelbare meisjesschool, een gedrocht van vóór de Mammoetwet, zat ik twee jaar. Het was er belegen en gezapig, maar dat kon mij niet zoveel schelen toen. Kunstgeschiedenis, Frans, Duits, Engels, middeleeuwse literatuur, Nederlands, ik zoog het in me op, want ik wist niks. Ik fietste er elke dag met plezier heen en zat 's avonds verlekkerd in mijn mooie boeken te kijken. Ik las over klassieke oudheid, leerde anarchisme en communisme plaatsen, keek ademloos naar een animatie van een bevruchting en een celdeling bij een kikker, en begreep toen pas voor het eerst het geheim van groei en leven, ontogenese, fylogenese. Ook zag ik de meisjes om me heen. De architectendochter die in een rood sportwagentje naar school kwam, de dochter van een huisarts die zelf huisartsenvrouw wilde worden. Dat zei de juf Nederlands ook, met haar vlinderbrilletje en geruite kokerrok met split: 'Kijk meisjes, als je later getrouwd bent en op een receptie staat, dan moet je toch ergens over mee kunnen praten. Daarom zit je hier op deze school.' De clash met de jaren zestig had niet groter kunnen zijn. Ik zat ondertussen in een actiegroep voor een schoolbezetting die nog behoorlijk uit de hand liep en waarmee ik met foto's in *de Volkskrant* kwam, demonstreerde langs de Oudegracht tegen de oorlog in Vietnam en zat met Indiase spiegeltjesjurken en pikzwarte ogen op de trappen van het stadhuis te lezen in gestencilde blaadjes van de *Rode Tribune*. Die kon je voor een kwartje kopen van interessante linkse types met baarden die roken naar pikzwarte Gauloise-sigaretten. Ik was ook nog een poosje lid van de communistische partij waarvoor ik bij nacht en ontij colporteerde.

Daar hadden ze op die mms niet van terug.

'Wat denk je wat ik nou in huis heb?' zegt mijn moeder dramatisch door de telefoon. Ik schrik. Lekkages, vloer weggezakt, bominslag?

'Mieren!' zegt ze met stemverheffing. 'Ze zaten in de etensbak van de kat, gadverdamme, op het vlees. Nou, ik zal ze krijgen. Ik heb die bakjes meteen afgewassen en weggezet. Zo! Maar waar komen die beesten nou vandaan? Ik woon een-hoog! Hoe ken dat nou?'

Ze is ook weer naar het ziekenhuis geweest voor de blaas. 'Over vier maanden pas terug, alles is schoon. De dokter zei: ziet er prachtig uit, mevrouw.'

Ze is helemaal gerustgesteld.

Mijn moeder belt en zegt dat het goed gaat. Maar ik hoor twij-fel.

'Je been?' vraag ik.

'Gadverdamme, ja,' antwoordt ze meteen. 'Om halftwaalf en om halfdrie moest ik mijn bed uit. Daar sta je dan weer, midden in de nacht. Klotepoot. Maar maandag gaan ze er misschien wat aan doen. En ik ga ook diezelfde dag naar de oogarts. Op kaarten zeggen ze het ook al: je moet je laten lase-ren. Dat ga ik ze eens goed zeggen. En trouwens, die dokter zei toen tegen me: als het erger wordt, moet u terugkomen. Dus dan denk ik: als er niks aan te doen zou zijn, waarom zegt ze dat dan? Kijk, dat wil ik nou weleens haarfijn weten.'

Tegen haar logica is niets opgewassen.

'Ik heb trouwens een onderstuk voor je parasol kunnen krijgen. Dat kom ik even brengen,' zeg ik. Ze had een veel te klein goedkoop vissersparasolletje gekocht voor op haar bal-kon. Het ding paste niet eens in een gewone stander. 'O ja,' zegt ze blij. 'En ik heb op de markt vandaag antieke broches gekocht, mooi, joh. Hele ouwe. Vijf euro!' Toch nieuwsgierig geworden vraag ik haar kort daarna naar de sieraden. Ik zie goedkoop blik.

'Mooi,' zeg ik enthousiast. 'En dat voor zo weinig geld.'

'Precies,' zegt ze vergenoegd.

*

Van de neuroloog heeft ze gehoord ze dat ze niet blind wordt.

'Dat heb ik gewoon gevraagd. O ja, en laseren kan niet, want er zit niet genoeg vocht meer achter het oog,' zegt ze deskundig. 'Maar het was toch goed om te horen. En die neuroloog wist het ook niet, hij snapte er niks van, die man. Moest ik verder maar aan de oogarts vragen. Ik moet bij hem terugkomen voor een onderzoek met elektroden. Een soort heel kleine stroomstootjes. Nou ja, we zien wel.'

'Dat klinkt niet zo heel ernstig,' zeg ik geruststellend.

'O nee?' zegt ze wantrouwig. 'Die dokter zei anders dat het helemaal geen leuk onderzoek is, hoor.'

Ik ben overruled.

Verder is ze opgewekt. Ze heeft een buurvrouw bereid gevonden om mee te gaan met een stamppottocht naar de Achterhoek, met de bus. 'Een enig mens, heel gezellig, net als ik,' zegt ze blij, 'en die gaat ook nooit meer op vakantie. Wij zijn daar te oud voor, dat doen wij niet meer.'

Ook heeft ze een afspraak gemaakt om twee nieuwe loepjes aan te schaffen via Visio, bij een opticien. 'Een kleintje om in de winkel prijzen en gebruiksaanwijzingen te kunnen lezen, zei die mijnheer. En een grote voor thuis. Ik heb ze daar geprobeerd, nou, fantastisch!'

*

Ze belt op. 'Ik weet het!' roept ze.

Ik heb geen idee waar ze het over heeft.

'Die mieren natuurlijk! Ik stop het kattenvoer nu in een zakje, dat doe ik in een tupperwarebakje en dat hang ik aan een touwtje in de douche. Knappe mier die daarbij kan!'

'Goed bedacht,' zeg ik. 'Hoe ouder, hoe slimmer.'

Daar moet ze om lachen.

Een paar dagen later klaagt ze dat het zo stinkt in de badkamer.

'Zet dan gewoon in de koelkast, dat blikje,' adviseer ik.

'Ach nee, dan lust-ie het niet, die achterlijke kat. Te koud.'

*

Vertrouwd ritueel.

Als ik stop voor haar deur, verdwijnt haar schim achter de luxaflex, en een paar tellen later komt ze naar buiten, met een wit gezicht. Na de worsteling met de veiligheidsgordel kijkt ze strak uit het raam. 'Als je maar weet dat ik slecht geslapen heb vannacht. En als je alles weten wilt: ik slaap al veertien dagen niet.'

Ik weet hier niets op te zeggen.

We melden ons op een saaie afdeling ergens achteraf, met chromen stoelen en een glimmend gepoetste bruingele vloer. Er zijn een paar andere wachtenden, maar we zien geen personeel, geen haastig heen en weer lopende verpleegkundigen of patiënten, geen tijdschriften of koffie, alleen die immens lange, lege gang met achter een steriele balie een vrouw die strak en wantrouwig onze kant op kijkt. Alsof we iets van plan zouden zijn. Natuurlijk loopt het uit, en natuurlijk roept mijn moeder te hard over de gang: 'Mooie klerezooi hier met die afspraken. Elf uur is elf uur.' Ze voelt zich bezwaard dat ik meegegaan ben en informeert voortdurend of ik wel zo lang van mijn werk weg kan. Of mijn baas dat wel goed vindt. 'Ga anders maar koffiedrinken, beneden,' stelt ze voor.

Naast haar zit een magere vrouw van middelbare leeftijd die meldt dat ze al drie uur zit te wachten. Mijn moeder schrikt. 'Ja, maar niet hier, hoor,' zegt de vrouw. 'Ik ben met mijn vriendin mee. En die moet wel vijf onderzoeken.' Zelf heeft ze bijna geen haar meer op haar hoofd, waardoor haar gladde schedel zichtbaar is.

Als mijn moeder in de behandelkamer is verdwenen, haal ik een lauwe chocolademelk in de kantine. Dan loop ik wat op en neer om de verveling te verdrijven. Na bijna drie kwartier komt ze weer tevoorschijn en zegt: 'Laten we maar gauw weggaan.' Met een bleek gezicht staat ze in de lift, helemaal van de kaart.

'Eerst moest ik wel een kwartier in warm water met mijn been. En dan zit je daar maar te zitten in je eentje, en d'r lag alleen maar een autotijdschrift. En bij dat onderzoek doen ze stroomstootjes door je been, en ondertussen poeren ze met naalden in je spieren. Lekker is anders.' Ze rilt, is doodmoe en ik heb met haar te doen. Beneden kopen we een glas melk en een wit broodje kroket. Daar trakteert ze zichzelf altijd op als ze in het ziekenhuis is geweest.

Ze knapt ervan op.

'Nou,' zegt ze verwachtingsvol als we terugrijden. 'Ik denk dat ze wel zullen bellen vanmiddag.' Ze bedoelt de andere oude vrouwen, en ik erger me eraan dat ze kennelijk aan iedereen heeft verteld hoe akelig het zou worden, ik erger me eraan dat ze bang is en de angsten zo opblaast, dat de te vrezen gebeurtenissen in haar fantasie al honderd keer, en veel erger, hebben plaatsgevonden. Ik erger me eraan dat ze zich willoos als een slachtoffer laat meeslepen door de stroom der gebeurtenissen, kortom, ik erger me aan al die dingen waar zij niets aan kan doen, en waar ik niets aan kan veranderen.

Ik tref haar vlak bij de supermarkt, lopend met de fiets aan de hand. Dat is haar systeem: lopen zolang het lukt met die 'klotepoot' en dan verder op de fiets. Ze ziet er kwetsbaar uit met haar steile grijze haartjes, het witte gezicht en de zoekende blauwe oogjes. Het valt me op hoe ze weliswaar continu kankert, maar verbeten doorgaat met alles.

Ze krabt zich dan ineens opvallend heftig en overdreven op de schouder en in de nek.

'Wat heb je?' vraag ik bezorgd.

'De kat,' zegt ze, al krabbend. 'Ik wou het niet zeggen, maar ik heb die jeuk al sinds dat beest er is. Ik dacht: jij zal wel denken dat ik weer wat te zeiken heb. Maar goed, we zien het verder wel.' Ik voel het einde van de kat smoesgewijs naderen, maar ik zeg verder niks. Het heeft geen zin, en ik heb geen trek in een woordenwisseling die nergens toe zal leiden.

Als mijn moeder na een bezoek aan de neuroloog en het laboratorium haar huisarts heeft bezocht, laat ze me een doosje pillen zien, kleine blauwe tabletjes.

'Waarvoor heb je die gekregen?' vraag ik haar.

'Dat ben ik eigenlijk vergeten te vragen,' zegt ze wat down. 'Maar ik heb de bijsluiter gelezen met de loep, en ik wil ze niet slikken. Je wordt er agressief van, je krijgt slaapstoornissen, bloeddrukproblemen, maagklachten en noem maar op. Nou, daar pas ik voor. En ik slaap al zo slecht door die klotepoot.' Ze gooit de pillen op tafel.

'Maar die bijwerkingen moeten ze er enkel opzetten omdat er een heel kleine kans is dat je die krijgt. Je kunt die pillen gerust slikken. Niet zo wantrouwig zijn, er gebeurt niks.'

Mopperend belooft ze het dan maar te proberen.

Op internet lees ik dat het een antidepressivum is met inderdaad veel bijwerkingen. 'Het is alleen maar een kalmeringstabletje,' zeg ik luchtig tegen haar. 'Je kunt het wel nemen, maar het helpt niet echt voor je been.'

'Zie je nou wel,' zegt ze.

*

De poes is heel erg ziek, mijn moeder belt in paniek op. De kat blijkt zo opgezwollen van het vocht, dat ik hem nauwelijks nog de draagmand in krijg. Ik rijd met hem naar de dierenarts en hij moet blijven voor een foto. 's Avonds zegt de arts aan de telefoon: 'Ik weet het niet. Als het de milt is, is hij nog te redden, maar om dat zeker te weten, moet ik hem openmaken.' We besluiten tot een operatie de volgende dag.

'Komt u hem ophalen of blijft hij vannacht hier?'

Ik aarzel. Het idee om het arme beest daar in het donker alleen in zo'n hok te laten, staat me niet aan, maar terugrijden met een klotsende kat nog minder, dus ik laat hem achter. Mijn moeder – ze is die middag wel naar de kaartclub gegaan, want dat gaat voor alles – schrikt als ze thuiskomt en merkt dat de kat er niet is.

De volgende ochtend zegt ze dat ze er niet van heeft kunnen slapen.

Die middag belt de dierenarts vanaf de operatietafel. 'Leukemie,' zegt hij somber. 'Ik zie overal aangetaste organen. Geen redden aan.' We besluiten om het beest te laten inslapen.

Ik bel mijn moeder.

'Ik heb slecht nieuws,' zeg ik maar meteen. 'Hij heeft kanker en is niet meer te redden. De dierenarts heeft hem laten inslapen.'

Ze is aangedaan.

Ik zeg: 'Maar er is geen kat die zo'n goed leven heeft gehad.' En ik prijs haar goede zorgen en het geluk dat het beest heeft gehad om vanuit het asiel met haar mee te mogen, die bange-broek die het liefste maar lekker binnen achter het raam zat.

'Tien maanden maar,' klaagt ze. 'Dat is veel te kort. Ik wil nooit geen kat meer. Zo'n lief beest krijg ik nooit meer terug. Hij zat altijd bij me, als een hondje, en elke avond ging hij met me mee naar boven. Zo'n lieverd, hè.'

Nog dagen later denkt ze voortdurend dat ze de kat de trap op hoort lopen, of tegen zijn etensbakje aan hoort duwen.

'Nou ja,' zegt ze een poosje later, 'ben ik in elk geval van die haren af. Want dat deed-ie wel erg, hoor, verharen.'

*

Op mijn verjaardag zit er al bezoek als mijn moeder binnen-komt. Ze heeft een grote bos bloemen bij zich, twee mooie nieuwe handdoeken en theedoeken en een cadeaubon van de plaatselijke lingeriezaak. 'Kun je zelf iets kopen. Een slipje of een bh of zo.' Ik zeg dat dat heel goed bedacht is van haar en dat ik blij ben met de bloemen en de theedoeken. Tevreden gaat ze zitten, eet gebak en drinkt koffie. Ze kijkt wat kippig rond naar het bezoek als het gesprek op jaartallen komt. Ze mengt zich erin.

'Dat snap ik nou nooit, hè,' zegt ze opgewekt. 'Ze zeggen weleens zoveel jaar voor Christus, maar hoe kan dat nou? Ik bedoel: voor Christus was er toch niets?'

'Hoe bedoel je?' zeg ik verbaasd.

'Nou,' zegt ze ongeduldig vanwege zoveel onbegrip, 'als hij

de wereld geschapen heeft, dan was er vóór hem toch niks. Leg jij dat nou maar eens uit.'

*

Later in die week vertelt ze dat ze opnieuw naar de huisarts is geweest en nu voor elkaar heeft gekregen dat er een scan gemaakt gaat worden. Dat is de mantra die ze samen met haar zus Greet herhaalt: de scan.

Als de scan eenmaal gemaakt is, is alle ellende voorbij.

Na de scan weten we meer.

Na de scan kan het leven verder gaan.

'En ze zouden er nu haast achter zetten. Ik heb tegen de dokter gezegd dat ik het leven niet meer zie zitten. Dat ik er net zo lief een einde aan maak. Daar schrok ze van,' zegt ze opgetogen. Maar op de scan is jammer genoeg niks te zien. Het lopen gaat nu echt bijna niet meer en ik bel de huisarts maar weer.

'Ze moet onderhand in een rolstoel,' zeg ik dramatisch. 'Hoe moet dat verder? Ze kan ook al die onderzoeken niet meer aan.'

Een week later krijgt ze een oproep: ze wordt opgenomen in het ziekenhuis voor onderzoek.

Mijn moeder baalt. 'Gadverdamme, weer naar dat ziekenhuis.' Boos en chagrijnig pakt ze haar weekendtasje in. 'Da's juist goed,' probeer ik, 'als je eruit komt, weet je tenminste hoe of wat.'

'Dat zullen we nog wel zien,' moppert ze.

Als we bij het ziekenhuis komen, gaan we meteen door naar de afdeling neurologie. Geroutineerd lopen we de lift in en melden ons bij de balie. Op de gang staat een deur open van een kamer waarin een oude man op bed ligt. Hij roept alsmaar klaaglijk 'kom nou, kom nou', met een hoog oude-mannenstemmetje. De zuster vertelt dat hij een beetje in de war is. Het is niet voor niks de afdeling neurologie. 'Ach god,' zegt mijn moeder, zoals altijd begaan met zielige oude mensen.

'Als moeder niet zo vroeg was overleden, had ik haar in huis genomen,' zegt ze ook altijd tegen me.

Wat is een moeder? Hoe hoort een moeder te zijn?

Als ik met die van mij eindeloos ziekenhuis in, ziekenhuis uit sjok, denk ik daarover na. Ze maakt rode kool met hachee voor mij, ze geeft me vijftig euro als ze denkt dat ik geld nodig heb, ze heeft op mijn kinderen gepast, ze koopt nieuwe theedoeken en handdoeken voor me, ze denkt elke dag aan me, ze zegt tegen me: 'Voor je jongens heb je alles over.' Zo noemt ze haar twee kinderen altijd, mijn jongens. Ze heeft me ooit eens peinzend aangekeken en gezegd: 'Dat jij een kind van me bent. Jij lijkt wel van een andere familie.' Ze vroeg zich misschien op dat moment ook af of ze wel een moeder was zoals een moeder ongeveer bedoeld is. Ik ben al mijn hele leven op pad met die vrouw en in mijn studietijd ontdekte ik hoe het heet, wat wij samen hebben.

Want, zo leerde het studieboek psychologie: *parentificatie is een soort omgekeerde wereld, het kind zorgt voor de ouder in plaats van de ouder voor het kind. Het kind voelt zich zelfs verantwoordelijk voor de behoeften en emoties van de ouder en leert al snel dat de eigen emoties en behoeften niet belangrijk zijn. Parentificatie ontstaat als de ouder emotioneel afhankelijk is van het kind en het kind dus in de emotionele behoeften van die ouder moet voorzien.*

Gevolgen heeft het wel voor zo'n kind, want: *cruciaal in de pathologische impact van parentificatie is dat de ouders dit fenomeen ontkennen. Bij destructieve parentificatie wordt de ontplooiing geblokkeerd. Dit kan op meerdere terreinen tot uiting komen: zowel cognitief (bijvoorbeeld studies komen in het gedrang), sociaal (meer engagement tegenover het gezin dan plezier met leeftijdsgenoten), emotioneel (neerslachtige, zwaarmoedige stemming) als biologisch (groeiachterstand, uitstel van pubarche). Het zichzelf opofferen wordt dan een heuse identiteitsstoornis. Het kind zit in het systeem gevangen en kan er met goed fatsoen niet meer uit ontsnappen.'*

Toe maar. Tot zover de wetenschap.

Mijn moeder weet echt niet meer dat ze haar kinderen heeft verwaarloosd.

We reden op een dag Wageningen in voor de crematie van haar zus, toen ze zei: 'Hé, Wageningen, daar heb ik ook nog een poosje gewoond. Waar was dat ook alweer?'

Ik noemde prompt het adres.

Ze keek stomverbaasd opzij. 'Hoe weet jij dat nou?'

Ik sta perplex.

'Daar was ik toch bij. Jan heette hij, die met die hand. We hebben daar maanden gezeten.'

'Was jij daar ook? O, nou, daar weet ik allemaal niks meer van, hoor,' zei ze.

Jan. Die vent had zijn hand afgezaagd en was knettergek geworden. Zij was er halsoverkop vandoor gegaan. De kinderbescherming was toen in beeld. Ik wist niet waar ze was en logeerde bij ene mijnheer Koek en zat overdag tussen de worsten van de HEMA.

Bij haar was dat allemaal gewoon gedeletet.

Maar ik ben hier en nu, met een wrak van een moeder die me nodig heeft, en ik ben op dit moment nergens liever dan hier. Waarom? Omdat ik nog veel ongelukkiger zou zijn als ik dat niet zou doen.

Als we haar kamer binnentreden, staat daar één ander bed met een rolstoel ernaast. 'Hier ligt ook zo'n gezellige mevrouw, net als u,' straalt de zuster. 'Jullie zullen het vast goed met elkaar kunnen vinden.' We leggen haar spullen in de kast en bellen voor een telefoonaansluiting. Ze moet wachten op de zaalarts. De diëtiste komt langs en ze vult de eetlijst in. Bij elke maaltijd neemt mijn moeder karnemelksepap. 'Dat vind ik zó lekker,' zegt ze.

'Zo hebben we ze hier het liefst,' glimlacht de diëtiste. 'Dat heb ik liever dan die pietlutten, van ik mag dit niet of ik mag dat niet.' Ze bootst een zeurend geluid na.

Mijn moeder hoeft zich niet uit te kleden, omdat voor die dag alleen een bloedonderzoek gepland staat. 'Ga maar hoor, jij moet ook naar je werk, anders krijg je problemen met je baas,' zegt ze. Als ik vertrek, gaat ze naar de rookkamer, een shagje roken. Daarna zal ze weer *The Bold and the Beautiful* gaan kijken.

Als ik 's avonds op bezoek kom, zit ze al bij de lift. Haar gezicht staat strak.

'Ik word knettergek van dat wijf bij mij op de kamer,' zegt ze. 'Zelfs als ik in mijn puzzelboekje puzzel, praat ze nog. Ze kan geen tel haar mond dichthouden. Ik wandel maar zoveel mogelijk rond, of ik zit hier.' Ze wijst op de troosteloze zithoek: mosgroene stoffen kantoorstoelen op grauw marmoleum. In de rookkamer zit, goed zichtbaar achter glas, een shabby man in een rolstoel. 'Een dakloze,' zegt ze. 'Lachen dat je daarmee kan. En hij krijgt elke dag bezoek van zijn maat, die neemt hem dan even mee naar buiten.'

Ze klinkt bewonderend.

*

De dag erna gaat ze eerst naar de uroloog, voor controle. Hij blijkt weer een poliep te hebben ontdekt, die hij meteen maar heeft weggebrand. 'Het was maar heel klein, maar het deed gemeen zeer, hoor,' zegt ze. Er volgen dan nog allerlei onderzoeken, maar vrijdags belt ze me. 'Je kan me weer komen halen, hoor.'

'Moet je maandag weer terug dan?'

'Nee, nee, dat leg ik je nog wel uit.'

Als ik op de afdeling kom, is ze net in gesprek op een kamertje apart. 'U mag er wel bij gaan zitten, hoor,' zegt een zuster. Een afdelingsarts is met mijn moeder in gesprek, zo blijkt. Het is een bleke jongeman in een witte jas die onhandig met haar praat. Hij schrikt een beetje als ik binnenkom en stelt zich ook niet voor. Er is niets uit de onderzoeken gekomen.

'Dus,' stamelt hij, 'tja, dokters weten ook niet alles. Zo is het nou eenmaal.'

'En hoe nu verder dan?' vraag ik aan het onzekere mannetje.

'U krijgt pijnstillers mee,' zegt hij nog, en hij grijpt in zijn jas voor een receptje.

Mijn moeder zegt: 'Nou ja, dat is dan niet anders.'

Ik word kwaad. 'Maar betekent dit dat jullie verder niks doen?'

'Ja,' zegt de jongeman. 'Ik zei al, de dokter weet ook niet alles.'

'Maar ik simuleer heus niet, hoor,' zegt mijn moeder plotseling agressief.

'Dat weten wij natuurlijk niet,' zegt de man, en hij staat op om een doktershand te geven. Even later staan we beneden in de hal. 'Verdomme,' bries ik. 'Wat een sociaal onbenul, wat een zakkenwasser. Dat ze zo iemand los laten lopen op een afdeling.' Ik scheld nog een poosje door, en mijn moeder zegt klagerig: 'Ik kan er ook niks aan doen, hoor.'

We rijden naar huis.

Ik ben woedend, mijn moeder zwijgt geschrokken.

'Ik mis de poes, gek hè? Zoals hij naar me keek vanuit de keuken. En hij lag altijd naast me, het was zo'n lieverd. Maar ja, zo'n kat krijg je nooit meer, zo'n schat van een beest.' Haar ogen zijn vochtig. 'Ik ben ook al een tijdje op zoek naar een mooie foto van een zwarte kat. Om in te lijsten.'

'Neem dan weer een poes,' zeg ik. 'Een zwarte.'

'Nee hoor,' zegt ze beslist, 'nooit meer. Er is er geen een die aan hem kan tippen.'

Een week later heeft ze een foto van zomaar een zwarte kat uit een tijdschrift geknipt en in een glazen lijstje gedaan.

'Ze lijken toch allemaal op elkaar,' zegt ze.

Twee weken later rijden we naar het asiel. 'Ik vind het altijd zo gezellig, in het asiel kijken,' zegt mijn moeder. De lege poezenmand hebben we achter in de auto staan.

'Weet je het wel zeker?' vraag ik, tegen beter weten in.

'Ik heb toch al voer en van alles gekocht? Natuurlijk!'

In het asiel lopen we van de ene kattenruimte naar de andere. Elke kat die zij leuk vindt heeft een bezwaar: te oud, ziek, al besproken. Ze wordt chagrijnig. 'Nou, dan die maar,' zegt ze, en wijst naar een willekeurige kat die in een vensterbank van het opvangverblijf zit. Ik pak hem op, maar laat hem meteen weer los. Hij heeft me flink gebeten.

'O nee,' zegt ze met afkeurende blik. 'Zo eentje hoef ik niet.'

Zonder kat gaan we naar huis.

Op internet vind ik twee jonge katten van een paar maanden oud in Westerlee. Ik bel op en krijg een buitenlandse vrouw aan de telefoon. Dezelfde dag gaan we erheen, samen in de auto.

'Het zijn nog jonge katers, broertjes,' vertel ik mijn moeder. 'Dat zullen wel beweeglijke types zijn, hoor.'

'Gezellig juist,' zegt ze vergenoegd. 'Die andere was toch wel een sul.'

Even later zitten we in een kleine eengezinswoning bij een vriendelijk Iraans echtpaar met een dochtertje van een jaar of tien. Er liggen twee dikke jonge katten op de bank te slapen. Mijn moeder schrikt van de grootte. 'Zal ik ze wel allebei nemen?' vraagt ze hardop. 'Maar ach, ze zijn wel mooi, hè?'

We proppen de katten in de mand en rijden naar huis. Onderweg kijkt ze alsmaar achterom. 'Ach gos,' zegt ze vertederd, 'kijk ze toch lief liggen kijken met zijn tweetjes.'

Ik lever ze af en ga naar huis.

Een uurtje later bel ik mijn moeder op. 'Het gaat prima hoor, het is net alsof ze hier altijd hebben gewoond.'

Ze noemt ze naar al lang geleden overleden katten, twee beesten van mijn broer. Een hardnekkige gewoonte van haar, na dat dode zusje.

*

Een week later klaagt ze steen en been. Dat ze 's nachts niet slaapt van die beesten. Dat ze alsmaar op de trap lopen te denderen. Dat woord gebruikt ze, denderen. En dat ze ze soms in de gang opsluit, want ze willen overal op springen.

Dan belt ze. 'Wat denk je, hebben ze alles ondergescheten.' Ze klinkt verontwaardigd. 'In de gang op de mat. Kon ik vanochtend in alle vroegte stront ruimen. Gadverdamme. Nou, dat wil ik niet, hoor. Ik kijk het nog even aan, en anders gaat het niet.'

Ik doe haar wat suggesties aan de hand, maar elke dag als ik bel, hebben ze gepoept.

'Wat nu?' vraag ik haar op zeker moment.

'Weg!' zegt ze. 'Ik word er helemaal zenuwachtig van.'

Later twijfelt ze. 'Of zal ik er toch eentje houden?'

'Maar ze poepten toch alles onder,' zeg ik verbaasd.

'Nou nee, hoor,' zegt ze vaag. 'Nu niet meer.'

Nog een week later zijn ze toch weg. 'Nee, er was voor mij maar één kat, en dat was mijn zwarte,' zegt ze een dag later. 'Maar ik neem nooit geen kat meer.'

*

Ik sta met de auto voor haar huis.

Het is nieuwjaarsdag en we gaan weer eens een stukje rijden. Mijn moeder is down. In de winter borduurde ze graag of legde ze soms een puzzel met veel groene weiden en moeilijke blauwe luchten, maar ze kan nu niks anders dan moeizaam naar de tv gluren met haar neus op de ondertitels. 'Dan duurt de dag wel lang, hoor,' zegt ze, en ik hoor wanhoop in haar stem. Ze kan geen krant meer lezen, en toen we met kerst uit eten gingen, liet ze mij de menukaart bekijken. Het diner was geen succes, omdat de tournedos een grote taaie lap bleek te zijn waar ze zich met moeite doorheen wist te snijden. De helft die ze overhad nam ze in een servet mee naar huis.

Als ze instapt, zegt ze: 'Zo, ik heb wel zin om er eens even uit te gaan.' Ze heeft haar buitenbril opgezet, maar toch wijs ik haar op de dingen die we onderweg zien. De oude boerderijtjes ('ach, wat wonen die mensen toch heerlijk hier'), de ooievaarsnesten van natuurmonumenten ('ja, die zie ik heus wel, hoor') en andere heerlijkheden van het platteland.

'Leuk altijd hoor, zo'n tochtje,' zegt ze tevreden.

Ik stop bij een klein speelgoedmuseum, gehuisvest in een oud pandje met steile trappen. Ze staat met haar neus tegen de ruiten gedrukt bij de poppenhuizen, de miniatuurwinkeltjes en het oude blikken speelgoed. Als we weggaan, koopt ze twee grote Ot en Sien-kaarten, die ze bij het afscheid in mijn auto laat liggen. 's Avonds zet ik ze op mijn bureau. Dat is mijn moeder: twee kleine breiende meisjes op een boerenerf met schortjes voor en klompjes aan, en een besnorde grootvader met een hoed op, die met twee ouderwets geklede kinderen bij een troepje ganzen aan de waterkant staat.

Een vergane wereld in pasteltinten.

*

Een paar maanden later is er niet zoveel veranderd. Ze kijkt veel tennis, weet precies wie waar op de ranglijst staat en legt soms een puzzel met behulp van een nieuwe loep op pootjes, die ik in een winkel voor huishoudelijke artikelen heb gevonden. Het is bijna zomer, en ze zit achter de omlaag gedraaide rolgordijnen bij de tv. Op het balkon heeft ze weer allerlei plantenbakken, en op een dag zegt ze: 'De dochter van mijn buurvrouw heeft kleine poesjes.'

Zonder toelichting.

'Ja, en?' zeg ik hardvochtig.

'Ik zou het best weer leuk vinden, maar ik zeg tegen buurvrouw, ik zeg dat kan niet, want dan moet mijn dochter er mee naar de dierenarts als er wat is, want dat kan ik niet meer.'

Sluw gluurt ze naar mij.

Ik weet dat het geen zin heeft, maar ik zeg: 'Je wou geen katten meer, ze waren druk, je deed geen oog dicht en ze poepten alles onder, dus wat wil je nou?'

'Jawel, maar als ik ze helemaal van kleins af aan heb, dan is het anders. Bovendien, ik zie bijna niks, ik kom nergens, en dan heb ik weer wat te doen. Ik zit hier ook maar de hele dag.'

Haar stem klinkt verwijtend.

*

Veertien dagen later rijden we naar een dorpje in de buurt, waar ze in een rijtjeshuis een poesje uitkiest. Kort daarna zegt ze dat ik die mensen nog maar eens moet bellen, want ze wil er nog wel eentje uit dat nest. 'Dan hebben ze gezelligheid aan elkaar.'

De weken die erop volgen houdt ze me op de hoogte van wat ze allemaal koopt. Een kattenbak. Korrels. Speciale kittenbrokjes. Etensbakjes met een rubberen rand zodat ze niet wegglijden op het zeil. De gordijnen haalt ze van het raam. 'Ik laat ze mijn gordijnen niet verrinneweren, ben je besodemieterd!'

*

Ze is jarig en ik heb als verrassing haar hele familie uitgenodigd. Haar zussen Riek en Truus komen bij haar logeren omdat de reis te ver is. Als ze die ochtend samen met Truus bij me binnenkomt (in de serre luxe taart, bloemen en de mooie koffiekopjes) zie ik het al. Chagrijnig.

Ze kijkt minachtend naar Truus.

Later zal ze zeggen: 'Die praat te veel, en alleen maar over zichzelf.' Narrig gaat ze zitten, maar ze barst toch in tranen uit als iedereen langzaam binnendruppelt. 'Greet, jij ook hier, wat vind ik dat toch fijn,' snikt ze, en ze knijpt haar zus daarbij bijna fijn. Wanneer Truus een zelfgeschreven gedicht voordraagt dat spreekt van 'vader en moeder die ons van bovenaf gadeslaan en zien dat het goed is' of zoiets, wordt het haar te machtig en sluit ze Truus weer in de armen.

Aan het eind van de dag zijn er twaalf flessen wijn doorheen gegaan. Truus is aangeschoten en loopt wankelend aan de arm van mijn moeder naar haar huis. Mijn moeder heeft weer een afkeurende blik op haar gezicht. Later vertelt ze vol afkeer dat Truus bij haar thuis moest kotsen. 'Gadverdamme, en dat voor een vrouw. Ik ben blij dat ik geen drank lus.'

Als ik een week later de foto's met haar bekijk, is ze een en al vertedering. 'Ach, die malle Truus. Nou ja, het was feest, wat geeft het ook. Nee, echt, dit was de mooiste dag van het jaar.'

*

Ze belt. 'Hoeveel is een deciliter nou?' Ze probeert een brood te bakken. Ik leg het haar uit. Een paar uur later belt ze weer. 'Een hele rare platte koek is het geworden, maar ik probeer het morgen weer.'

De dag erna krijg ik vier eigengebakken witte boterhammetjes van haar.

*

Een paar weken later zeg ik tegen mijn moeder: 'Luister, Ron heeft me gebeld.'

'Ron?' zegt ze. 'Wie is Ron nou weer?'

'Ron, de oudste zoon van Riek,' leg ik uit. 'Hij had slecht nieuws. Riek is ziek, ernstig, kanker. Ze denken dat ze nog maar een paar maanden te leven heeft.'

Ze valt stil.

'Hoe ken dat nou?' zegt ze vervolgens oprecht verbaasd. 'Ze was zo vrolijk op mijn verjaardag!'

Later belt ze met Greet en dan dringt het nieuws in alle hevigheid tot haar door. Het is zover. Ze worden oud, want er gaat iemand dood. Mijn moeder durft niet te bellen met haar zieke zus. 'Wat moet je nou zeggen tegen iemand die doodgaat?' vraagt ze. Een kaart schrijven ziet ze ook niet zitten, maar toch doet ze het uiteindelijk.

Ze schrijft erop: 'Ik heb maar één woord: Waarom?'

Ik weet niet hoe Riek dit zal opvatten, daar waar de dood per definitie zinloos is en Riek statistisch gezien de overlijdensleeftijd al ruimschoots overschreden heeft. Greet spreekt met mijn moeder af om een keer samen naar Riek te gaan, maar als broer Leo belt om te vertellen dat geen haar op zijn hoofd eraan denkt (wat een geld kost dat wel niet naar Brabant, veel te ver ook, en na een halfuur moet je toch alweer

weg omdat ze het benauwd heeft) kan ze godzijdank, opgelucht en legitiem, besluiten om zelf ook niet te gaan. De dagen
na al dit nieuws ziet ze bleek. Als ik haar uit de verte bij de supermarkt zie lopen, zie ik ineens scherp wat een oud vrouwtje
ze is, een schimmetje achter een boodschappenkar.

De dood zweeft al een beetje achter haar aan.

*

Een vriendin vertelt me dat haar moeder van achtentachtig
ernstig ziek is. Ze praat tegenover mij liefdevol over haar als
'mama' die nu op een bed bij haar in de huiskamer ligt om
dood te gaan. Toen haar moeder tegensputterde, had ze gezegd: 'Mama, jij hebt altijd voor mij gezorgd, dit hoort er ook
bij. Ik doe dit gewoon omdat ik van je hou.' Daar denk ik lang
over na. Vooral dat je tegen derden kunt praten over je moeder als 'mama', dat is lichtjaren van mij verwijderd.

Het overvalt me soms. Dan denk ik: waarom doe ik dit allemaal voor mijn moeder? Ik ben redelijk geslaagd in het leven, ik heb in elk geval iets gestudeerd, een goede baan. Sommige dochters maken gewoon een eind aan de relatie met hun
moeder. Dat kan behoorlijk opluchten.

Ooit heb ik haar wel gehaat, maar ze houdt van mij. Op
haar manier. En met dezelfde intensiteit als ze meer mijn kind
is dan mijn moeder, ben ik nu eenmaal meer haar moeder
dan haar kind. En een kind laat je niet in de steek. Bovendien
loopt ze in meer dan zeven sloten tegelijk, zoveel is zeker. Ik
haat haar nu nog maar af en toe. Als ze bang is, of dom doet.
En heel soms zie ik de moeder van iemand anders en dan ben
ik jaloers, dan wil ik er ook zo een. Maar dit is waarmee ik het
zal moeten doen. En is een moeder niet gelukkig als haar kind
gelukkig is?

Nou dan.

We zijn tot elkaar veroordeeld tot de dood ons scheidt.

Ik ga bij mijn moeder langs. De nieuwe poesjes, alle dagen de bejaardenstilte gewend, worden snel eenkennig en kruipen onder haar stoel als ik er ben. Dat ergert haar. Ze wil dat ze tevoorschijn komen, zodat ik snap hoe ze ermee heeft geboft.

'Ze zijn echt leuk, hoor, ik lach me dood, joh. Als ze dan zo raar springen, denk ik weleens: ik wou dat jij dat kon zien. Nee, ik vermaak me er uitstekend mee.' Ze heeft bij de Bruna een puzzelboek gevonden met grote letters en grote hokjes. 'Woordzoekers kan ik niet meer maken, maar gewone puzzels wel, met de loep,' zegt ze opgetogen. Ze zit bij de tv waar in de stromende regen een damesmarathon wordt gelopen, en gluurt naar het scherm.

'O, die zwarte ligt er gelukkig al uit, zie ik,' zegt ze. 'Laat die blanken nou ook maar eens winnen.'

Ze deelt mee dat ze naar de oogarts gaat om te vragen of ze niet toch een staaroperatie kan krijgen. 'Al helpt het maar een beetje,' zegt ze. 'Ik ben zo bang dat ik niet meer kan kaarten.' Over drie weken begint haar klaverjasclub weer.

Als ik haar later bel, zegt ze: 'Ik heb de katten naar boven gedaan, hoor, op de slaapkamer met de deur dicht. Ik viel erover.'

'Het zijn nou eenmaal druktemakers,' zeg ik.

Ze is het onmiddellijk hartgrondig met me eens. 'Zeg dat wel, ja. Véél en véél te druk.'

Ze heeft toch maar haar doodzieke zus Riek gebeld. 'Ze heeft een nieuwe fiets gekocht. Dus ik zeg tegen haar: denk erom dat je volgend voorjaar nog op die fiets zit, meisje.' Met zulke formules probeert ze haar zusters naderende dood te bezweren. Een paar dagen later breng ik van een rommelmarkt een boekje voor haar mee met oude foto's van haar geboortedorp. Ze gaat er meteen met de loep bovenop zitten en bestudeert de zwart-witfoto van de straat waar ze geboren is. 'Ik herken het helemaal niet,' zegt ze weifelend en lichtelijk teleurgesteld. 'Maar kijk.' Ze veert op. 'Daar is het oude postkantoor, en daar de Hessenweg en daar de Looydijk waar we later hebben gewoond.'

Verstrooid hoor ik haar aan over de controle die zo gaat volgen en het nieuwe onderzoek. Ik zet haar af voor het ziekenhuis, parkeer de auto en voeg me bij haar in de wachtkamer, die verder leeg is. 'Krijg je nou echt geen problemen met je baas?' vraagt ze weer bezorgd.

Ze is vlug aan de beurt, en ik lees ondertussen roddelbladen met oud nieuws. Ik ben blij dat ik niet bij die onderzoeken hoef te zijn, want ik kan het bijna niet meer aanzien, dat gerotzooi aan dat onwillige oude lijf waarvan we nog steeds niet weten wat er nou precies aan mankeert. Ik vraag me steeds vaker af hoe lang we dit nog gaan volhouden, dat gedokter en gedoe. Ik kijk naar mijn eigen gladde armen en benen en denk: nog even, en dan ben ik ook stram, droog, schilferig, weerloos, en dan snap ik ook niet meer wat al die dokters van me willen, en dan weten mijn kinderen ook niet meer wat ze met me aan moeten.

Ik besluit ter plekke om wat aardiger tegen haar te doen.

We lopen met het bruin kartonnen dossier van het onderzoek naar de specialist. Mijn moeder hijgt; de gang is lang en loopt iets op, vals plat. Ze zegt bezorgd: 'Er was wel wat veranderd, vergeleken met de vorige keer, zei die zuster. Ik vertrouw het niks.'

Ze is meteen aan de beurt. De arts neemt de inmiddels omvangrijke stapel papieren door, bekijkt de uitslagen en zegt met drama in zijn stem: 'Nou, we hebben het eindelijk. Er is toch een vernauwing in de slagader in het been ontdekt.'

Mijn moeder begrijpt niet meteen wat deze mededeling betekent en zegt: 'Ja, daar komt die pijn vandaan. Al twee jaar.'

Ik zeg: 'Dus dat betekent dat er iets aan gedaan kan worden?'

'Ja,' zegt de arts, 'we maken meteen een afspraak om te dotteren.'

Ze valt even stil. Dan zegt ze geëmotioneerd: 'Ach, wat zal dat heerlijk zijn!' Ze kan haar geluk niet op.

's Middags gaat ze opgewekt naar haar kaartclub.

*

Een paar dagen later zie ik haar lopen in het dorp, stapje voor stapje naast de fiets. Ik spreek haar aan, maar ze is gedeprimeerd. 'Ik kan wel janken,' zegt ze met een strak wit gezicht. 'Ik ben zo zenuwachtig voor woensdag.' Het is dan pas vrijdag. Ik ben op weg naar de markt en het is een winderige najaarsdag met wat buitjes. Ze hijgt. 'Ik ben al helemaal moe van dat kleine stukje lopen.' Ze klaagt over de poesjes. 'Ik heb slecht geslapen. Alle schilderijtjes lagen eraf vanochtend.'

Ik memoreer op positieve toon dat het dotteren misschien zal helpen. 'Ja ja,' zegt ze nijdig, 'dat kun je nou wel vinden, maar dat is helemaal niet gezegd, hoor.'

Later bel ik haar nog op als ik in het dorp ben om te vragen of ik patat en een gebakken visje mee moet nemen van de markt. Dat vindt ze lekker. Ze klinkt dan ineens weer een beetje zonniger, alsof ze een soort spijt heeft.

Maar ze hoeft niks.

Ik stop voor haar deur en ze komt eraan met een kleine tas, speciaal gekocht voor deze tocht. 'Deze is niet zo zwaar,' zegt ze als ze instapt. Om er meteen achteraan te zeggen: 'Als je maar niet denkt dat ik dit leuk vind. Ik ben bloednerveus.' Bij de ingang van het ziekenhuis laat ik haar eruit en zet de auto weg. Ik ga even later bij haar zitten in de hal. Het is tien voor tien en ik stel voor om ons te gaan melden. 'Het is nog lang geen tijd,' zegt ze snibbig, om het moment van definitieve op-name zo lang mogelijk uit te stellen, ook al is het maar tien minuten. Een uurtje later hebben we de rituelen gehad en ga ik naar mijn werk.

Tijdens het dotteren treft de chirurg een totaal verkalkte bloedprop aan. Zijn ballonnetje springt ervan kapot, dus hij moet een stent plaatsen. De volgende dag loopt mijn moeder over de gang van het ziekenhuis. Zonder pijn.

De eerste twee dagen juicht ze. Dan valt er een sombere stilte.

Er is een nieuwe pijn bij gekomen, nog snerpender dan de eerste. 'Het zit in de lies,' zegt ze spinnijdig. De dokter heeft gezegd dat hij daar niet bij kon komen, en dat het euvel alleen operatief verholpen kan worden. Dat is ze dus echt niet van plan, een operatie. Als ze eenmaal weer thuis is, wil ze ook niet terug naar de specialist. 'Geen dokters meer.' Wel kankert ze elke dag, ook op de twee kleine katten. Ze sluit ze elke dag steeds vroeger op, op zolder. Omdat ze daar aan het spelen gaan, houden ze haar wakker met hun geren.

We beginnen weer van voor af aan. Ik spreek mijn broer, die wil wel twee katten. Hij belt haar daarover. Ze zegt: 'Ik mijn katten wegdoen? Ben je nou helemaal besodemieterd?'

Als we weer eens een ritje maken, loopt alles stroef. Het is zondag, de zon schijnt mooi herfstig, maar ze zit in de auto met haar handen voor haar gezicht. Ze heeft het warm en de zon doet pijn aan haar ogen. Onderweg vertelt ze wel ineens een anekdote over mijn vader.

'Toen liepen Lex en ik op de Oudezijds in Amsterdam. Je vader liep een stukje voor me uit, en toen stopte er ineens een jonge vent in een auto. Die draait zijn raampje open en zegt: "Kan ik je ergens heen brengen, lekker ding?" Ik zeg: "Hoezo, ben ik soms gehandicapt of zo?" Hij reed meteen weer door. Je vader zei: "Nou, de meeste vrouwen zouden niet weten wat ze dan moesten zeggen, maar jij hebt je mondje wel vooraan."'

Ze moet lachen.

Als we terugrijden, is ze angstig aan het doemdenken. 'Ik heb nou geen flauw idee waar we zijn. Als je me hier nou neer zou zetten zou ik niet weten hoe ik thuis moest komen. Lopen kan ik niet, en ik zie hier geen een bushalte. Dan kom ik nooit meer thuis.' Ze huivert bij de gedachte.

Even later zegt ze: 'Maar ik zou gewoon in de berm gaan

zitten en dan wachten tot er iemand stopte. En dan zou ik zeggen: nou, ik moet naar huis, maar ik weet niet hoe.'

Ze lacht weer. 'Of ik zou zeggen: Zie ik er soms gehandicapt uit of zo?'

Dan lachen we allebei.

Ik kom langs, want ze heeft groentesoep voor me gemaakt. De poesjes schichten weg en kijken me vanaf de trap wantrouwig aan. Mijn moeder kijkt minachtend naar de dieren. 'Stomme schijters,' zegt ze geringschattend. Het Been legt een grauwsluier over haar leven. En dus ook over haar verhouding met de katten en de rest van de wereld. De televisie is niks, in de stad is niks te krijgen, en het klaverjassen zal ook wel weer niks worden komend jaar met die slechte ogen.

'Zal ik van die slechtziendenspeelkaarten voor je kopen?' probeer ik tegen beter weten in.

'Ben je gek!' zegt ze chagrijnig.

Riek heeft gebeld.

'En weet je wat zo mooi is, ze eet weer. Ze had tomaatjes met aardappeltjes en een uitje gebakken, en ze vond het lekker.' Mijn moeder is verheugd. Hoe geruststellender de mededelingen, hoe verder weg de kanker van haar zus.

Zelf heeft ze er een onverklaarbare buikpijn bij gekregen, waarvan ze vrijwel zeker weet dat het ook kanker is. Ze gaat naar de dokter, die niks kan vinden. Ze zegt: 'Maar ik voel het, en ik ben er niks gerust op.'

Ze wordt steeds somberder en ik weet niet wat ik eraan moet doen. Een kennis suggereert: 'Maar je kunt je moeder toch gesproken boeken geven, of een mooie geluidsinstallatie?'

Ja hoor.

Hoe kun je uitleggen dat er niets is wat haar echt interesseert, dat we geen boeken hadden thuis, alleen twee klassieke singeltjes en een plastic pick-upje, en dat we 's zaterdags de leesmap kregen? Dat ze ook vroeger al het liefst elke avond zat te kaarten? Dat ze dol was op de bingo? Dat ze graag rotzooi kocht op rommelmarkten? Dat ze nog steeds elke week thuiskomt met een vaasje van twintig cent of een porseleinen beeldje van een paard met veulen voor een euro, en dat koestert als antiek? Dat ze hooguit een doorloper invult of naar een belspelletje kijkt?

Ik zeg vriendelijk en positief: 'Mijn moeder is meer iemand die met haar handen bezig is.'

Dat zou nog kunnen duiden op een vrouw die beelden kleit.

De kennis zwijgt nadenkend.

In ons huis waren dus nauwelijks boeken, behalve een stichtelijk voorlichtingsboek van de kerk over de geheimen van een goed katholiek huwelijk, *Wenken en raadgevingen voor verloofden en gehuwden*. Daarin kon je lezen dat het 'het huwelijk dient ter beteugeling van zinnelijke begeerten' en dat 'het te snel achter elkander uitoefenen van den bijslaap de gezondheid ernstig benadeelt'. Dat boek lag achter de handdoeken in de slaapkamerkast. Ik had wel mijn eigen verzameling *Marjoleintje van het pleintje*, een meisje met een moeder die de huishouding deed met een schort voor, en lachend 'Marjoleintje toch!' riep als deze wildebras de trap af roetsjte, plus een vader die streng maar rechtvaardig was en pipa werd genoemd.

Ik kwam wel vaak bij tante Lenie. Zij had een rookwarenwinkel op de hoek van de Nachtegaalstraat, waar ze sigaretjes per stuk verkocht aan vrouwen die aan het eind van de week vaak vergeefs wachtten op het loonzakje, en die hun Brabantiaspaarbus moesten openen om aan het eind van de week de melkboer aan de deur te betalen. Tante Lenie had achter haar winkel een bibliotheekje. In die duistere ruimte stond in een paar grote wandkasten een merkwaardige verzameling boeken, alle gekaft in krakerig bruin, vetvrij papier. Je moest wel geduld hebben daar, want Lenie was oud en traag. Ze noteerde de uitleningen zorgvuldig in een ordner en schreef op je kaartje wanneer de boeken weer terug moesten. Ik leende streekromans, boeken over zielige paarden, maar ook Dostojevski, Pearl S. Buck en Hemingway.

Als Lenie dan een stapel boeken met een stoffig plofje voor me neerlegde op de toonbank, klemde ik ze onder mijn arm en rende ik naar huis om te gaan lezen: *Jane Eyre, De zwarte hengst Bento, Arendsoog*. Ik las alles, en soms bracht ik al na twee dagen mijn drie boeken terug. Lenie reageerde dan narrig. 'Heppie dat nou allemaal al uit, ik geloof er geen barst van.' Mopperend liet ze me dan weer drie nieuwe boeken uitzoeken. Uren moet ik op die oude schipbreukbank hebben gezeten, met Lenies boeken in bruin kaftpapier.

Ik ga voor mijn moeder naar de hulpmiddelenafdeling van Visio, een klein, benauwd hok, waar achter een spraakcomputer een blinde man zit, met zijn stok naast het bureau en de hond onder de tafel. Hij stinkt een beetje naar ongewassen mens, en ook zijn broek ziet er vlekkerig uit. Op stellingen langs de muur liggen allemaal handige zaken voor de gehandicapte medemens: sprekende horloges met enorme cijfers, telefoons met druktoetsen zo groot als een vuist, een reuzen mens-erger-je-nietspel met pionnen als bowlingkegels en ook speelkaarten zo groot als menukaarten. Ik loop met twee pakjes naar de blinde man en vraag hem om informatie.

'Even kijken,' zegt hij. Hij glijdt met zijn vingers over het braille van het toetsenbord, en dan klinkt er een metalige stem die voorleest wat er staat. 'Kaarten' spreekt de robot uit als 'kaar- tén'. Ik kan ze daar niet kopen, maar de blinde weet handig de gegevens van een bedrijf te printen en al een dag later heb ik ze in huis. Daarbij heb ik ook twee boeken besteld met groteletterpuzzels, woordzoekers. Daar is mijn moeder gek op.

Voor het eerst in tijden is ze enthousiast en ze zegt: 'Op de club waren ze allemaal jaloers. Zulke mooie kaarten, zoiets hadden ze nog nooit gezien.'

Het puzzelen gaat moeizaam, met een loep erbij. Maar ze doet het wel, geloof ik.

Het gesprek gaat over hardlopen en ik vraag haar of ze op de regionale zender naar de vier mijl van Groningen heeft gekeken.

'Naar die zwarten zeker? Die winnen toch altijd, zo is er niks aan.'

'Ja, hoor eens,' werp ik tegen, 'ze lopen gewoon veel harder.'

Ze snuift minachtend. 'Ze moeten die witte jongens ook eens een kans geven. Trouwens, laat ze maar gaan werken, die zwarten. Ze komen alleen in beweging als er geld te verdienen valt.'

In mei, herdenkingsmaand, hebben we het over de oorlog. 'Wij hadden de hongerwinter, verschrikkelijk. Mijn vader moest met bebloede klauwen de laatste aardappels uit de grond wroeten. Nee, dan de joden, die hadden het makkelijk. Die zaten lekker warm ondergedoken.'

'Wat zeg je nou toch weer allemaal?' vraag ik verbijsterd.

'Nou, het is toch zeker zo!' zegt ze gedecideerd.

*

Er begint een nieuwe reeks doktersbezoeken omdat ze weer geopereerd moet worden, nu een echte operatie, met snijden, bloed, hechtingen, en revalidatie. De vaatspecialist heeft het haar omstandig uitgelegd.

'Weet je wat hij zei? We gaan er samen tegenaan, mevrouwtje! En toen legde hij zijn hand op mijn schouder.' Ze lacht bij de herinnering. En dan, bezorgd: 'Maar hij zei ook: het is niet niks hoor, als we moeten gaan snijden.'

We gaan eerst naar de cardioloog. Ze is zo nerveus voor de operatie dat ze er nu al niet van kan slapen. Het gaat nog zeker anderhalve maand duren, dus ik zeg tegen haar dat het niks helpt, dat getob.

'Maar toch doe ik dat,' zegt ze dwars.

Alles loopt vlot. Tevreden loopt ze weer naar buiten, zoals altijd wanneer ze gehoord heeft dat ze 'het hart van een jonge meid heeft'. Halverwege de gang staat ze stil, lijkbleek. Haar been. We sukkelen naar buiten en gaan naar haar huis. Ze hijgt en is blij als ze weer boven is.

Ik zie er flink tegen op dat ze straks thuiszit na die operatie en wekenlang bijna niks zal kunnen. De katten. Ik mail mijn broer of hij ze nu kan overnemen. Ze klaagt over de bak verschonen, trap oplopen om ze op te sluiten voor de nacht en noem maar op. Drie weken later komt een vriendin van me de poesjes halen, 's morgens om zeven uur. Ze kunnen met haar meerijden naar mijn broer in het westen. 'Ik heb de auto nagekeken tot ik niks meer zag,' zegt mijn moeder met tranen in de ogen. 'Maar ja, het moest wel, hè.' Ze heeft wel meteen de kamer opgeruimd en de bloembak met kunstbloemen weggegooid waar de katten altijd in mochten spelen.

Twee weken later rijd ik met haar naar het ziekenhuis voor de laatste controles voor de operatie.

'Ik vond nog een propje achter de stoel vandaag,' zegt ze als we vertrekken, 'maar ja. Voor mij hadden ze ook helemaal niet weg gehoeven, ik had er totaal geen last van.'

*

Op maandagochtend rijd ik voor de zoveelste keer met haar naar het ziekenhuis. Tasje, bleek strak gezicht, bedompt ruikend, want doorrookt van de zenuwen. Tegen wildvreemde mensen die ook staan te wachten op de gang zegt ze hoe bang ze is. Ze reageren wat gegeneerd. Mijn moeder heeft het alsmaar over een neuskapje waar ze angstvisioenen van heeft. Drie keer moet ze weer vertellen wat haar mankeert en dan installeer ik haar op bed nummer 5 in zaal 206, waar ze met een paar andere vrouwen ligt. 'Die heeft de borst eraf,' vertelt ze me 's avonds bij het bezoekuur fluisterend. 'Dan ben ik er nog niet zo erg aan toe.'

Ze wil geen tv, want die hangt te hoog boven het bed, tot ze er achter komt dat haar bed nog wel een halve meter de lucht in kan. Later ligt ze dus toch nog tevreden tennis te kijken.

's Avonds bij het bezoekuur vertelt ze dat ze in paniek was geraakt toen ze naar de operatiekamer werd gereden. 'De tranen stroomden er zomaar uit,' zegt ze. Ze had de neiging om de mensen van zich af te slaan. De anesthesist was aardig, 'hij had heel veel begrip voor mij en bracht me helemaal tot rust'.

Ze praat met dubbele tong. Morfine. Ze tilt de deken op om te laten zien wat er gebeurd is. Ik zie veel verband rond de lies en een bloot geslachtsdeel. NEE!

Maar ik praat gewoon door, alsof er niets aan de hand is.

Een wijntje met mijn vriendin, we krijgen het over moeders.

'Wat heb jij van je moeder geleerd?' wil ze op zeker moment van me weten. Daar denk ik lang over na. Wat een vraag. 'Nou, ik warmte en gezelligheid,' zegt ze. Haar moeder hoefde niet te werken voor de kost, dus als ze niet lekker zat te lezen ('mijn moeder zag je nooit zonder boek'), nam ze haar kinderen mee naar een museum, of maakten ze muziek met elkaar. Er werd ook veel gelachen. Mijn vriendin weet nog goed dat ze samen naar het badhuis gingen en dat haar moeder daar een stortbad kocht van twee keer tien minuten. Ze kleedden zich dan samen uit, de warme douche ging aan en haar moeder zeepte haar in. Dan klemde ze zich om haar moeders middel, haar moeder hield haar ook stevig vast, waarna ze samen, naar haar gevoel uren, lekker onder het warme water stonden, geurend naar zeep en shampoo.

Ademloos hoor ik dit aan: in welk parallel universum leven andere moeders en dochters? Ik wring mijn hersens uit, wat heb ik in godsvredesnaam van mijn moeder geleerd? Mijn uiterste best doe ik om nu eens niet te zeggen: 'De wereld in "wij en zij" verdelen in een eeuwig gevoel van verongelijktheid', of 'Weglopen bij problemen', of 'Kankeren op alles en iedereen buiten je eigen kleine wereldje', of 'Katten onmiddellijk wegdoen als je ze zat bent', en 'Maar wat aan rotzooien met je kinderen'.

'Doorbijten,' zeg ik uiteindelijk, 'aanpakken, altijd stug doorgaan bij drama en ellende.' Maar die eigenschap heb ik eigenlijk alleen ontwikkeld omdat ik anders niet had kunnen overleven.

Een paar dagen later al loopt ze voorzichtig achter de rollator om me naar het eind van de gang te brengen. Uit haar scheen is een klein reepje huid gehaald om de ader te repareren. Die plek is knalrood onder de grote pleister die erop geplakt zit met een doorschijnend gaasje eroverheen. De huid van haar been is, zie ik nu, strak en spierwit, en glimt alsof iemand er met een poetslap zijn best op heeft gedaan. Verder zitten er allemaal rode en witte psoriasisplekken op.

'Dat had vader ook,' zegt ze. 'Als we als meisjes zijn lakens moesten uitschudden, kwam er een sneeuw van huidschilfers uit.' Haar benen zijn verder angstwekkend dun en oud, de huid is doorschijnend en de blauwe aderen lijken boven op het bot te liggen. Het scheenbeen is recht en hard, zonder vlees, zo lijkt het. De kuit bolt als een *fremdkörper*.

'Ik schaam me een beetje,' zegt ze als we het over haar angsten hebben, 'dat ik me zo heb gedragen.' De vrouw met de afgezette borst, daar kan ze het prima mee vinden. Verder vraagt ze me om geld, om beneden in de ziekenhuiskantine wat lekkers te kunnen kopen. Later blijkt dat ze een pakje shag heeft gekocht, maar dat niet tegen mij durfde te zeggen.

Ze krijgt alweer praatjes. 'En haal thuis even die bruine broek op, met een andere trui, en die witte schoenen.' Eerst had ze een rok aan willen doen. Ze had een idee van enorme verbanden waardoor ze geen kleren aan kon trekken, maar alles valt mee. 'En je hoeft niet elke dag te komen, hoor. Ben je mal.' Natuurlijk doe ik dat wel. Haar zussen bellen mij, verlekkerd, want ook zij hebben allemaal kwalen en operaties gehad, en de een weet nog beter dan de ander hoe erg het allemaal is. 'Nou, die is voorlopig nog niet hersteld,' zegt de ene zus optimistisch. En de andere roept: 'Geen katheter? Nou, dat moet wel een waardeloos ziekenhuis zijn daar bij jullie.'

*

Als mijn moeder een paar dagen thuis is belt ze me op. 'Mag ik mee naar de Albert Heijn?' vraagt ze op de toon van een klein kind. 'Ik ben het zo zat hier, dat thuiszitten.' Ik haal haar op. Voetje voor voetje loopt ze de trap af en ze gaat behoedzaam in de auto zitten, haar oude zwarte boodschappentasje op de achterbank. Ze kijkt glunderend rond. 'Hè hè, de buitenwereld. En wat is het lekker fris. Heerlijk die koele lucht!' Bij de supermarkt zet ik haar af en ga parkeren. Ze staat binnen op me te wachten, zwaar leunend op haar boodschappenkar. 'Het is koud, hoor,' zegt ze huiverend. 'Ik ben lekker naar binnen gegaan.' Bleekjes schuifelt ze door de gangpaden en laadt wat ouwemensenboodschapjes in. Een klein zakje snijbonen, een half pondje half-om-half, twee struikjes lof, een pakje melk en een half bruin. 'Is je niks opgevallen?' vraagt ze dwingend, in de auto op de terugweg. 'Ik heb geen shag gekocht.'

'Waarom niet?' vraag ik verbaasd.

'Nou,' zegt ze wat venijnig, 'dat wil jij toch niet hebben?'

Vroeger haalde ik dus altijd die Miss Blanche voor haar. Een geel kartonnen doosje met een ouderwetse amazone erop die chique leren handschoenen droeg, een rood ruiterjasje, een overdreven witte, hoog opgebonden sjaal en een zwarte hoed. Ze keek olijk de lens in en nam daarbij een trekje van een Miss Blanche Virginia Cigarette no. 1. Er waren pakjes van twintig en smalle doosjes met tien stuks. 'Een pakje Misblans,' vroeg ik dan in de sigarettenwinkel op de hoek, 'en of u het even wil opschrijven.' Later rookte ze Winnershag, de goedkoopste rommel die er was, waarvan ze flinterdunne sigaretjes draaide vanuit een blikken tabaksdoosje met een rolmechanisme eraan. Je stopte er een vloeitje in, propte er wat van de bleke tabak tussen en dan kwam er een stijf gerold shagje uit.

Ik deed mijn Eerste Communie, een feestelijke en gewijde gelegenheid waarbij de pastoor op huisbezoek kwam. Bij mij thuis zaten ze te klaverjassen, de fles advocaat stond op tafel en de kamer zag blauw van de rook. Zodra de grote, zwarte gestalte van pastoor Wessels voor het raam verscheen, stopte mijn moeder schuldbewust de sigaretten en de kaarten snel in de zakken van haar vest, dat daardoor zwaar op de grond af-

hing. Een irrelevant beeld, dat vest, gecategoriseerd bij: onthouden, maar geen flauw idee waarom.

Zo kijk ik ook eens op een gewone winterdag naar buiten
door de grote ramen van de klas en besluit: dit is een moment
dat ik nooit meer ga vergeten, mijn hele leven niet. De bomen
zijn kaal en de lucht is grijs. Ik ben tien jaar, ik doe een oefening met staartdelingen, ik zit midden in de klas, links van
Nellie, ik zie mijn pen over het papier gaan en ik vind het rot-
sommen. Dat ben ik dus inderdaad nooit meer vergeten.
Maar ik weet alleen niet meer waarom ik daar op dat triviale
moment besluit om het voor de eeuwigheid in zo'n gestolde
harsdruppel te gieten. Er waren toch godbetert wel gedenk-
waardiger gelegenheden?

*

Ze kijkt nooit tv. Zegt ze. 'Voor ons is er toch nooit wat op.'
Maar als ik op een middag langskom, zit ze ingespannen al
een uur naar een kwakend belspelletje te kijken, waarbij het
woord 'zeegat' geraden moet worden. 'En die mensen bellen
daar ook nog heen ook, snap jij dat nou? Trouwens, weet jij
hoe je pinguïn schrijft?'
    Ik spel het voor haar.
    Tevreden zegt ze: 'Zie je wel, ik ben zo stom nog niet. Daar-
net zeiden ze op dat spelletje dat het pinquin was, met een q.'
Ze fulmineert tegen een bejaarde vrouw die meespeelde, en
die wel meer dan tien keer heeft gebeld. 'Dat is acht euro, ze
lijkt wel gek. Zielig mens.'
    Ze kan nog geen trappen lopen, dus ik neem haar vuilnis-
zak mee naar de centrale vuilniscontainer iets verderop. 'Bij
de tweede poort links,' roept ze. Poort. Het is gewoon een zij-

weggetje, maar bij haar vroeger thuis heette het tuinpad nu eenmaal de poort. Mijn inrit heet ook poort. 'De poort?' zeg ik dan quasiverbaasd.

'Nou ja, dat steegje bedoel ik.'

Waarom doe ik dat nou? Vervelend mens ben ik om mijn oude moeder zo te pesten. Ik vertel mijn levensgeschiedenis nooit meer aan iemand. Je komt op een leeftijd dat dat niet meer uitmaakt. Vroeger zeiden mensen vaak tegen me: 'Dat je dan nog zo goed met je moeder omgaat.'

Maar dat is het nou net. Het is geen omgaan met. Voor mij zal er geen verschil zijn als ze straks echt helemaal niks meer kan. Van mij geen gevoelens van: ach, vroeger zorgde ze altijd voor mij en nu moet ik dat voor haar doen – integendeel. Hoe ouder ze wordt, hoe meer onze omgang gaat passen bij een situatie die altijd al normaal was.

Ik bel haar op.

'Ik krijg die broodmachine van jou niet meer aan de praat, hoor. Ik haal zelf wel brood,' zegt ze. Ik ga naar haar toe en leg haar uit dat knopje 1 voor witbrood is en knopje 4 voor bruin-brood.

'Is dat echt alles?' vraagt ze wantrouwig, met de loep in de aanslag als een Sherlock Holmes die vingerafdrukken zoekt.

'Ja, hoor,' zeg ik, 'dat is echt alles.'

Later komt ze bij me langs en drinken we koffie in de tuin. Ze kijkt naar het klaterende fonteintje in de vijver. 'Waar blijft dat nou, al dat water dat daaruit komt?' vraagt ze. 'Die vijver moet toch een keer gaan overlopen?' Ik leg haar het principe van een vijverpompje uit.

Een paar dagen later zegt ze: 'Wat ben ik toch dom, hè, hoe kan ik nou zo stom zijn?'

Ik zeg dat het alleen maar logisch is dat ze zo dacht. Een mens kan toch niet alles weten?

Nou dan.

Haar zus Riek is dood. Mijn moeder zegt huilerig: 'Ik snap niet hoe dat nou kan. Eerst was ze er nog gewoon, en ze lachte nog zo op mijn verjaardag.' Een paar dagen later heeft ze zich geheel hernomen en heeft ze voor iedereen een mooie foto van haar zus laten afdrukken. 'Die geef ik op de crematie,' zegt ze trots. 'Dat had ik vorig jaar al bedacht.' Ze heeft zelfs een afscheidsspeech geschreven. 'Daar heb ik heel lang over gedaan,' zegt ze. Ik typ de scheve hanenpoten voor haar over en print ze in een extra grote en vette letter zodat ze het goed kan voorlezen. Uiteindelijk staat er:

Lieve zus,

Wij, jouw broers en zussen, zijn verdrietig en verslagen, omdat we hier weer bij elkaar zijn om afscheid te moeten nemen van een dierbare. Vol ongeloof moesten we vernemen dat wij jou zo snel en veel te vroeg moeten loslaten. Ons medeleven gaat uit naar jouw lieve kinderen en kleinkinderen, die hun moeder en oma moeten missen. We wensen hen en de verdere familie heel veel sterkte in deze moeilijke tijd. Lieve zus, we zullen je missen, maar je blijft altijd in onze gedachten.

Lieve zus, slaap zacht.

Ze gaat een dag van tevoren bij haar oudste zus slapen. Dapper stapt ze in de trein. Het is prachtig weer en 's middags wil ze nog even met haar zus haar geboortedorp in, herinneringen ophalen. Dat is heel passend, beaam ik. De dag erna zal ik haar weer ophalen, maar ze belt me op vanuit haar eigen huis. 'Ik ben er al, hoor,' roept ze blij. 'Het ging heel goed met de trein en ik heb gewoon de bus genomen naar huis.' De crematie was prachtig, vertelt ze, en Riek lag er schitterend bij. De broodjes waren heerlijk en alles was indrukwekkend. Haar broer had haar tekst voorgelezen. 'Prachtig vonden ze het. Iedereen wil een kopie. Nee, het was echt een hele mooie dag.' Ook hadden ze 'met alle meiden' samen bij de kist gestaan en afscheid genomen, als zussen. Dat ze elkaar verder bijna nooit zien was geen punt, ach welnee. Daar moet je op zo'n moment niet aan denken, ben je gek.

De week erna moppert ze: 'Het was belachelijk zoals ze erbij lag. Als jij je dat bij mij maar niet in je hoofd haalt, hoor. Ze had een geblokte broek aan, vreselijk. Als je maar weet dat ik absoluut niet met een rare geblokte broek in de kist wil! En haar kraagje zat scheef. Weet je wat het ergst was? De kist was te klein! Ze lag helemaal met haar hoofd tegen de achterwand geklemd. Niet normaal gewoon!'
 Gehuild heeft ze niet. 'Nee, ik was er wel bang voor toen ik naar de kist liep. Maar ze lag er zo vredig bij. Die meid heeft haar rust verdiend, klaar.'

Ze is jarig en ik ga 's middags koffie bij haar drinken. Ik heb een forse agenda voor haar gekocht met grote letters en een kattenfoto bij elke dag van de week. Die vindt ze prachtig. Ze houdt alles goed bij: wanneer ze naar de dokter is geweest, de afspraken met de kapper en de pedicure, uitslagen van onderzoeken, maar ook wie haar allemaal heeft opgebeld. Ze heeft niks in huis, ook geen koekjes. 'Ja hoor eens, ik weet niet of er iemand komt. En dan zit ik met al dat gebak. Ik begin daar niet aan. Bovendien kan ik niet weg. Stel je voor dat er iemand belt!' We kijken samen een kookprogramma. 'Lekker ziet dat eruit,' zegt ze, met haar neus bijna tegen het scherm. De kok voegt de kruiden toe. 'Ja hoor, als ik het niet dacht. Gadverdamme,' zegt ze walgend. Ik weet wel wat er aan de hand is, maar vraag het toch. Ik wil het haar horen zeggen.

'Hij deed er knoflook bij,' zegt ze met duidelijke afkeer in haar stem. 'Nou, dan hoeft het voor mij helemaal niet meer. Ik zeg altijd: ja hoor, verpest dat lekkere vreten maar weer met je vieze troep.'

Peinzend bekijk ik haar.

Op een gegeven moment schiet mij zomaar Gerrit te binnen – hoe heb ik die kunnen vergeten? Na Jan-met-de-hand in Wageningen, met een tussenstopje bij Koek, kwam ik eerst weer bij mijn moeder terecht. Ze bleek te logeren bij een kennis van een kennis en was verbaasd dat ik zo lang weggebleven was. 'Je had toch hier kunnen komen?' zei ze verbaasd. Hoe ik had kunnen weten waar ze zat, geen idee. Ik herinner me ook niet meer hoe ik haar uiteindelijk weer op het spoor ben gekomen. Er werd een bed voor me opgemaakt in een serre, want het was een heel klein huisje ergens in Utrecht.

Door alweer een advertentie had mijn moeder daarna kennis gekregen aan weduwnaar Gerrit, een hijskraanmachinist met zes kinderen in Maarssen, bij wie ze na een vluchtige kennismaking introk. Het heeft al met al vast niet lang geduurd, want ik kan me er niet erg veel van herinneren.

Twee scènes kan ik er wel uitlichten. In de eerste sta ik in de kleine douchecel van het rijtjeshuis mijn bh te wassen met shampoo. Ik trek hem nat weer aan omdat ik hem vanwege puberschaamte niet op durf te hangen, niet uit wil trekken en ook niet om een nieuwe durf te vragen. Omdat hij nooit goed droogde, zaten er zwarte vlekken in en ging het ding zompig stinken. Geld voor een andere had ik niet.

In de tweede komt Gerrit thuis van zijn werk, dat hij hoog op de kraan uitvoerde. Hij is groot en breed, een echte bouwvakker. Als hij zijn kleren uittrekt om zich te wassen, schrik ik. Zijn hele bovenlijf zit vol met grote glanzende blaren met pus. Hij ziet mij kijken en zegt: 'Van de zon, daar kan ik niet tegen.' Hoe we daar weer vertrokken, ik heb geen idee meer.

Vandaar gingen we naar de kroegbaas. Geloof ik.

Ze belt een paar dagen later op. 'Wat ik nu heb meegemaakt!' Ze klinkt erg opgewonden. 'Ik loop langs de kerk en ik denk: wat ligt daar nou op die bank? Wat denk je? Een portemonnee! Ik neem hem mee naar huis om eens op mijn gemak te kijken wat erin zit.' Ze zwijgt dramatisch. 'Duizend euro in briefjes van vijftig! En een bankpasje. Ik schrok er gewoon van!'

Ze was er eerlijk mee naar de bank op de hoek gegaan. Een uurtje later kreeg ze bezoek. 'Ik zag het al, een ouwe man. Hij kon mijn naambordje bijna niet lezen, zo kippig stond-ie te kijken. En blij dat-ie was! Dat geld had hij gehaald om aan zijn dochter te geven, die had problemen. Was-ie op dat bankje gaan uitrusten, de sukkel. Nou, stel dat die rotjongens daar waren gaan zitten.' Ze haalt diep adem. 'En wat nou het mooiste is: ik krijg zo honderd euro van hem!'

'Die heb je snel verdiend.'

'Als je dat maar weet. Ik wou het niet houden, al dat geld,' zegt ze. 'Ik voelde me daar niet lekker bij.'

'En dat jij dat nou net moet vinden, met die rare ogen van je,' zeg ik. 'Als het maar om geld gaat, hè!'

Daar kan ze wel om lachen.

Als we een nieuwe matras gaan kopen (ze heeft tweehonderd euro van de belasting teruggekregen) gaan we met de auto naar een filiaal van Beter Bed. 'Ik kan dat soort winkels niet vinden,' zegt ze, 'jij weet dat allemaal.' Ze wil een lichtgewicht matrasje dat ze zelf kan omdraaien. We bekijken de matrassen en ze gaat op een ervan liggen. Die is meteen goed, zegt ze, die nemen we. We lopen nog even door de zaak, waar we een matras zien die de helft goedkoper is. Ze gaat daar ook op liggen. 'Deze is nog veel en veel beter,' zegt ze enthousiast. 'Deze neem ik, klaar.' Dat blijkt ook de enige te zijn die ze op voorraad hebben, dus ik prop hem in de auto.

Op de terugweg zegt ze, zogenaamd grappig: 'Nu alleen nog even naar het asiel een kat uitzoeken.'

Schuin kijkt ze naar mijn reactie.

'Niks ervan,' zeg ik streng. Laatst heb ik bij het tuincentrum een grote namaakkat voor haar gekocht in een rieten mandje. Het is een ding met een onduidelijk pelsje eromheen genaaid, dat op haar vensterbank ligt te slapen. Door de batterij die erin zit gaat het buikje op en neer, alsof hij ademt. Ze vindt het prachtig. Het is een belachelijk geval, maar ik hoopte zo van het kattengedoe af te zijn.

Jezus.

Ze is naar de oogarts geweest en belt me opgewonden op. 'Ze gaan me toch opereren, een staaroperatie!' Enkele dagen eerder is ze mistroostig bij me weggegaan. 'Soms sta ik boven op zolder en dan roep ik heel hard: waarom die ogen, waarom ik?' Het kost haar grote moeite zich in bedwang te houden. Tranen branden. 'Ik ben blij als 's morgens die stomme belspelletjes beginnen, dan heb ik nog wat afleiding. Verder is er niks. Ik kan al bijna geen aardappels meer schillen, ik zie niet of ik alle pitjes eruit heb gehaald.'

De oogarts heeft er een collega bij geroepen, vertelt ze. Ze was erheen gegaan omdat ze moest laten bekijken of het niet erger was geworden. Kennelijk hadden de artsen besloten om het erop te wagen, maar nu heeft ze hooggespannen verwachtingen. Ze zegt: 'Al helpt het maar ietsje,' maar ik ken haar magische denken: je weet maar nooit, ze lullen zoveel, na die operatie is alles glashelder, moet jij maar eens opletten. Het is gewoon ramenlappen: even zemen en klaar.

Met een zak spinazie onder haar arm komt ze mijn keuken in. 'Ben je thuis?' zegt ze teleurgesteld. Dan had ik die moeite niet hoeven doen, denkt ze erachteraan. 'Had je dat niet even kunnen zeggen?'

'Je zei gisteren dat je niet zou komen,' werp ik tegen.

'Ja, maar toch.'

Ze legt de zak op het aanrecht en verdwijnt meteen weer, met een mokkerige rug.

*

Ze is in een goede bui en vertelt ineens weer iets over mijn vader.

'Op de bruiloft van mijn zus zegt Lex tegen mijn moeder: ik wil liever niet separaat van mijn vrouw zitten. Separaat, hoe komt hij erop, hè. Iedereen lachte hem uit. Maar je kon heus wel lol hebben met hem. We liepen een keer langs het IJ en op zeker moment zegt Lex: Let op, ik ga die bal wegtrappen daar! Hij neemt een aanloop en geeft die bal een lel. Wat denk je? Was het zo'n rond ding van ijzer om je boot aan vast te leggen. Lex lag op de grond te creperen van de pijn, maar ik deed het echt in mijn broek van het lachen. Hij had zijn teen gebroken, erg hè. Hij had de dag erna zó'n dikke blauwe poot. Later kon hij er zelf ook wel om lachen.'

Separaat. Mijn vrouw. Gebroken teen. Dat moet ik even herkauwen. Er komen ineens belangwekkende onderdelen bij het beeld van mijn vader. Maar het wordt tegelijkertijd diffuser. Wie was hij toch dat hij met mijn moeder wilde leven? En wat zag mijn moeder in hem?

*

Kort nadat ze van de staaroperatie heeft gehoord, belt ze op. 'Ik ben zo bang,' zegt ze. 'Ik kan niet in slaap komen omdat ik er steeds aan moet denken.' Ze heeft de folder van het ziekenhuis gelezen en nu verschijnt voor haar geestesoog voortdurend de Grote Groene Operatiedoek. Die wordt over haar hoofd gelegd als ze geopereerd wordt. 'Ik weet nu al dat ik in paniek raak,' zegt ze nerveus, 'en dat ga ik zeggen ook.' We hebben nog een week of twee te gaan.

'Vandaag wilde ik eerst even naar de stad gaan, maar ik red het niet meer. Ik zie bijna niks, en ik heb nergens zin in. De bril helpt ook niet meer, en ik zit maar de hele dag.'

'Kom je dan nog even koffiedrinken?' Mijn hulp is er en daar kan ze goed mee opschieten.

'Nee hoor, ik blijf thuis, ik heb geen enkele interesse meer, nergens in.'

's Avonds bid ik dat de staaroperatie gaat helpen. God bewaar me als dit zo eindeloos door moet gaan. Ik kijk bij iedere opticien in elke stad waar ik kom naar vergrootglazen, verlichte loepen en andere handigheden. Het geeft niet wat het kost.

*

Weer zit ze strak en witjes naast me in de auto. De operatiedoek zit haar dwars.

We melden ons in het ziekenhuis en moeten wachten in een ruimte waar drie tandartsachtige stoelen staan. De middelste is voor haar. Het is de bedoeling dat ze daarop gaat zitten, en dat hij plat gaat als ze naar de operatiekamer wordt gereden. De dienstdoende zuster zegt: 'We gaan eerst druppelen, en om één uur wordt u geholpen.'

'Eén uur pas?' roept ze.

Strak zit ze een uur lang in de stoel. Ze leunt niet achterover, maar blijft stijf op het puntje zitten, een hand strak om de leuning geklemd. Ach God, bewaar me toch, waarom heb ik een bang kind als moeder? Even later zit er een magere vrouw naast haar, de volgende patiënt: een gezellig type met een dikke bril en een leuke man. Ze komt voor haar tweede oog.

'Mag ik u iets vragen?' zegt mijn moeder plotseling. 'Is het erg eng?'

'Welnee,' zegt de vrouw overtuigend, de situatie juist inschattend. 'Het is zo gebeurd en je voelt er niks van.'

'Ja, maar toch,' zegt mijn moeder gemelijk. Haar rechterpupil wordt door de druppels heel erg groot en zwart, en zo zit ze daar een hele tijd te kijken, met een gewoon oog en een donker gat. Het ziet eruit alsof ze ergens heel erg van geschrokken is. Aan één kant dan.

Als ze wordt weggereden, zegt ze tegen de zuster: 'Ik mag toch wel zeggen dat ik heel erg bang ben, hè?'

'Natuurlijk mag u dat,' zegt deze opgewekt. Ik ga beneden koffiedrinken.

Als ze weer terugkomt, zit ze rechtop in de stoel.

'En?' vraag ik. 'Hoe ging het?'

'Goed hoor,' zegt ze, maar er zijn inmiddels meer mensen in de buurt, dus ik moet voor het echte verslag wachten tot we op de gang lopen. 'Onder die doek zat een stangetje en dat blies frisse lucht, dat viel eigenlijk best mee, maar ik hoorde een soort boortje in mijn oog, gadverdamme. De dokter zei wel: "Wat kunt u goed stilliggen, mevrouw." Ja, dat kan ik heel goed, stilliggen,' zegt ze trots. Ze is bekaf van de spanning. Haar oog traant onder het plastic beschermkapje dat met pleisters op haar wang zit vastgeplakt.

Onderweg in de auto kijkt ze nieuwsgierig om zich heen, maar alles is vaag van de zalf. 'Nou,' zegt ze. 'Als het nog een keer moet, ben ik niet bang meer. Ik weet nu hoe het gaat.'

Ik zet haar thuis af en hoop er maar het beste van.

Als ik de volgende ochtend bel, is alles nog steeds vaag, vertelt ze. 'Maar ja, het kan wel drie dagen duren, hè.'

Na een week is er niks verbeterd. 'Maar buurvrouw zei ook al: soms duurt het wel een week of twee, dus we wachten rustig af.'

Enkele dagen later heeft ze ineens haar zonnebril weer op. 'Dat helpt prima,' zegt ze. 'Veel beter. Ik zag nu ook de hoek van de straat weer.' Lezen kan ze nog steeds niet, dus ik moet haar bankafschriften voorlezen. Saldo's, af- en bijschrijvingen, en ze luistert kritisch. Haar centen houdt ze scherp in de gaten. Ze heeft vijfhonderd euro op haar rekening staan. 'Sjonge,' zegt ze, 'wat een bak geld. Maar ik geef ook niet veel uit. Wat moet ik ermee? En als ik doodga? Moeten we niet eens naar de notaris om dat te regelen?'

Als ik in de maanden daarna noodgedwongen ga verhuizen, neemt ze op een dag een envelop voor me mee met wat geld erin. Ze duwt het in mijn hand. Ik weiger.

'Aanpakken,' zegt ze. 'Jij hebt zoveel voor mij gedaan. En wat moet ik ermee? Het kan me toch niks schelen.'

*

Op een zaterdag komen een oom en tante bij mij op bezoek. Mijn oom, een vriendelijke man, is een broer van mijn moeder. We spreken af dat we onverwacht bij haar langsgaan, als verrassing. Ik ben er een beetje huiverig voor.

We bellen aan en mijn oom loopt als eerste de trap op. Ze staat kippig boven aan de trap te kijken en als ze hem herkent, barst ze in snikken uit en klampt zich overdreven aan hem vast. 'O broertje van me, dag lieve jongen,' snikt ze emotioneel.

Ongemakkelijk.

Als we met z'n vieren binnen zijn, gaat ze op een stoel zitten en kijkt een beetje uit het raam. Ze vraagt niet hoe de reis was en ook niet hoe het met ze is. Ze zegt ook niet dat het leuk is dat ze er zijn. Ik loop naar de keuken om thee te zetten, ze komt achter me aan.

'Hoe vind je mijn nieuwe shirtje?' vraagt ze, trots wijzend naar een wit truitje dat ze aanheeft. Dan begint ze over een tasje met nieuwe schuursponsjes dat ze heeft gekocht en dat ik mee moet nemen omdat het ook voor mij zo handig is.

'Ga jij nou maar naar binnen, ik regel het hier wel,' zeg ik dwingend. Ik voel me opgelaten dat ze haar familieleden, die een autoreis van twee uur achter de rug hebben, aan hun lot overlaat.

'Nou zeg, je hoeft me niet zo te commanderen, hoor,' zegt ze snibbig. Mopperend gaat ze naar binnen. Het bezoek is verder uitzitten en proberen een gesprek gaande te houden. Ik zie weer wat mijn moeder is: een kind dat geen weet heeft van een ander. Het gaat goed, ja hoor, natuurlijk, wat zou er niet goed gaan, alles prima. Ze leeft in haar eigen wereldje met een ribfluwelen stoel, de televisie en haar eigen gedachten.

Elke opmerking betrekt ze op zichzelf. Ik heb geen idee wat ze daarbij denkt, zelfs niet of ze er überhaupt iets bij denkt. We houden het gesprek een beetje gaande en uiteindelijk mogen we weer weg.

Mijn tante zegt bij het weggaan geroerd: 'Raar hè, ze zien elkaar bijna nooit, maar áls ze elkaar zien, dat is het meteen weer goed.' Ik begrijp er echt helemaal niks van. Misschien ben ik wel de enige die het verkeerd ziet. Het leven lijkt voor hen in elk geval een stuk overzichtelijker.

We zitten in de auto, weer op weg naar het asiel.

Bij het eerste het beste hok met kittens roept ze blij: 'Die wil ik wel, die zijn schattig.' Ik weet haar ervan te weerhouden. Ze praat met de verzorgsters in het kattenverblijf en vertelt oudedamesdingen die hen totaal niet interesseren. Uiteindelijk wijs ik haar op een eenzaam, zwart poesje waarvan ik denk: als die weer weg moet, heeft ze het in elk geval een tijdje leuk gehad. We nemen haar mee, het is een scharminkel.

'Zo,' zegt mijn moeder tevreden op de terugweg, en ze kijkt naar de kattenmand op de achterbank. 'Nu heb ik eens een poesje dat jij ook leuk vindt. Toch?'

*

Ze belt in paniek op.

'Ik zat vanmorgen op de wc, ja sorry, een vies verhaal, maar ik druk en ineens pats, zie ik een grote zwarte acht voor mijn oog.'

'Huh?'

'Een hele grote vlek, ik kan niks meer zien met dat oog. 't Is dat geholpen oog.' Ze klinkt huilerig. Ik kan er niks mee, dus we maken snel een afspraak met de oogarts. Elke ochtend opent ze haar ogen en hoopt ze dat de vlek weg is.

Ze kan nu ook echt niet meer klaverjassen. Op een woensdag is ze naar de club gegaan, maar de kaarten vloeien in elkaar over, ze ziet het niet meer. Ze kan ook niet meer onderscheiden wat er op tafel ligt.

Bij de oogarts zien we in full colour op de computer de oogfoto's. Althans, ik zie ze, mijn moeder ziet helemaal niks. Een mooie ronde oogbol zie ik, met allemaal adertjes erdoorheen. Middenin zit een frommelig plekje. 'Dat is de slijtage,' wijst de arts aan. Daaroverheen zit een rare vlek. Het blijkt een bloeduitstorting te zijn die misschien is ontstaan door de operatie. Mijn moeder zit in een hoekje van de spreekkamer en zegt mismoedig: 'Nou ja, dat weten we dan. Niks aan te doen.'

Een paar dagen later vertelt ze dat ze wanhopig en chagrijnig is en het niet meer ziet zitten. Eten koken gaat steeds moeilijker, aardappels schillen moet op de tast en na de afwas moet ze met haar vingers langs de vorken om te voelen of ze schoon zijn. De angst om haar onafhankelijkheid kwijt te raken houdt haar op de been.

En de poes? Ach, de poes. Ze beweert dat ze over hem gevallen is. Hij mauwt ook al de hele dag. Greet zou al gezegd hebben: 'Nou, als je hem ooit wegdoet, dan wil ik hem wel.'

Vakantie. Ik ga twee weken weg, maar mijn moeder komt geen gedag zeggen. Als ik haar vanaf een zonnige veranda met uitzicht op de Italiaanse heuvels opbel, zegt ze wantrouwig: 'Wat klink je dichtbij!'

'Over een paar dagen ben ik weer thuis,' zeg ik geruststellend.

'Gelukkig wel,' huivert ze.

Als ik thuiskom, gebeurt er eerst van alles waardoor ik niet meteen contact kan opnemen. Als ik haar dan eindelijk bel, is ze in gesprek. Ze doet later wat bozig tegen me. 'Ik denk, ik hoor niks, zou er wat aan de hand wezen?' Ik vertel van de ingesprektoon. 'Ach ja, die stomme Greet is ook altijd zo langdradig,' zegt ze geërgerd.

Ik ben jarig. Als ik een gebakje voor haar neerzet, moet ze moeite doen om het vorkje er goed in te steken. Haar koffie roert ze langdurig nadat ze er zoveel poedermelk in heeft laten glijden dat er een bergje bovenop blijft liggen. Ze heeft een zwart sjaaltje met glitters voor me meegenomen. Ik zeg naar waarheid dat ik het heel mooi vind. Trots zegt ze: 'Ja, ik weet dat jij dat leuk vindt. Ik liep bij de Blokker en toen dacht ik: net iets voor jou.' Verder heeft ze bij de drogist een flesje eau de toilette voor me gekocht, mijn merk. Het is vrij goedkoop, maar ze was eerst naar de beste parfumerie van het dorp geweest. 'Wat denk je? Die vrouw daar had er nog nooit van gehoord! En dat werkt in een chique parfumerie! En bij de Etos hadden ze het gewoon staan. Belachelijk!'

Waar ze gelijk in heeft.

Het wordt alsmaar moeilijker. Ze gooit de melk naast haar koffie, ze valt over de poes, en het klaverjassen, haar grootste hartstocht, is nu echt over en uit. Bijna terloops meldt ze dat ze in september nog een keer naar de club is geweest, maar dat het niet meer ging. 'Boer of vrouw, ik zie het gewoon niet meer. Nou ja, dan maar niet.' Verder zegt ze er niet veel over.

Ze wordt gedeprimeerder, lichtgeraakt. Wanneer ik haar bel, zucht ze alleen maar als ik informeer hoe het met haar is. 'Als ik op straat loop en ze vragen hoe het gaat, dan zeg ik: goed hoor. Maar dan loop ik snel door. Anders ga ik hatelijke opmerkingen maken.'

Ik zie haar voor me, met vertrokken gezicht boodschappen aan het doen bij Albert Heijn, weer naar huis, en dan zitten maar. Soms komt ze nog in mijn huis als ik aan het werk ben, en dan probeert ze verbeten voor me te koken of te strijken. De zwarte vlek voor haar ogen wordt erger. 'Elke morgen word ik wakker en dan kijk ik. En dan denk ik: weer die klotevlek!' Ze weet niet meer waar ze het zoeken moet en ik kan niks voor haar doen.

*

De poes is een nachtmerrie, zegt ze. Hij krabt behang van de muur, miauwt de hele dag, springt onverwacht hier of daar, en ze zegt dat ze er bloednerveus van wordt. Ik zet een advertentie op Marktplaats, en op een zaterdag wordt hij opgehaald door twee mensen uit de stad. 'Aardige lui,' zegt ze. 'En ze gingen ook nog een mandje voor hem halen bij de dierenwinkel, dus die zijn wel serieus.' Ik was er niet bij, wilde het niet aanzien. Een dag later zegt ze: 'Het hoofdstuk poes is nu echt voor altijd afgesloten. Ik voel me zo schuldig.'

*

Ik kom thuis en ze heeft mijn aanrecht opgeruimd. 'Dat houdt me op de been,' zegt ze, 'anders word ik gek, ik móét afleiding hebben.' En dan vertrekt ze weer, lopend, met de fiets aan de hand, loerend vanuit haar ooghoeken, want rechtuit ziet ze alleen zwart en donker. Steeds vaker heeft ze vlekken op haar trui of blouse, maar ik zeg er niks van.

Elke avond denk ik aan haar, zoals ze in haar huiskamer zit, op haar stoel, de tv aan, glurend naar de ondertitels met haar neus op het scherm, of luisterend naar haar belspelletje.

's Morgens vroeg op, moeizaam koffie zetten, en dan begint er weer een lange dag zonder lezen, kaarten, puzzelen of handwerken. Zitten, beetje rommelen, zitten. Om halfnegen neemt ze een slaappil en om negen uur ligt ze in bed, elke avond. Ik wandel weleens langs haar huis als het mooi weer is, kijk omhoog naar haar balkonnetje en de gesloten gordijnen, en weet dan dat ze in haar bed zwaar ligt te snurken van de medicijnen. Hield ze maar van luisterboeken, maar ze blijft vastbesloten: 'Ik heb nog nooit van mijn leven een boek gelezen, waarom zou ik dat nu wel doen?' Een beetje praten vindt ze soms wel gezellig. Dan vergeet ze alles heel even. Ze vertelt steeds vaker dat ze wanhopig is en denkt: waar moet dit eindigen? Die vraag stel ik me ook geregeld. Blind. En dan?

Mijn moeder die in een stoel zit en alleen maar wacht tot de dag eindelijk voorbij is? We gaan langzaam naar een grens die we niet over willen gaan. Daarachter is het namelijk aardedonker.

*

Mijn broer is bij mijn moeder op bezoek geweest en heeft ook bij haar gegeten. 'De borden waren echt goor,' rapporteert hij, 'en de wc trouwens ook.' Ze ziet dat niet meer. Als ik later tegen mijn moeder zeg dat het leuk is dat hij er was, alleen al omdat hij er tweehonderd kilometer voor heeft gereden, moppert ze: 'Jawel, maar hij mag ook weleens vaker bellen.' Zelf belt ze hem zelden of nooit.

Toen ik het huis uit was, moest mijn broertje het nog heel lang zien uit te houden bij mijn moeder. In de zes jaar van de basisschool zat hij op zes verschillende scholen door de verhuizingen van mijn moeder. Hij heeft weer andere, nieuwe mannen meegemaakt. Mijn moeder liet hem, als ze weer eens op sjouw was na een mislukte affaire, als klein jongetje 's nachts aanbellen bij haar zus Greet met de vraag of hij en mama bij haar mochten slapen. Zij stond dan om de hoek van de straat te wachten. Omdat Greet de situatie met haar zus helemaal zat was, werd hij weggestuurd en zaten ze samen soms een hele nacht op een bankje op het station van Breukelen, hij onder een jas. Ze is ook met hem nooit naar een tandarts geweest en ze stopte ook zíjn gaatjes vol met kiespijnwatjes, zodat hij nu al jaren een kunstgebit heeft. Mijn moeder ging avonden achter elkaar naar de bingo toen hij opgroeide, waardoor hij vaak alleen thuis zat. Verslaafd was ze daaraan, want ze reisde half Nederland af voor vleesprijzen, zaklampen, serviezen, kristallen asbakken, plastic koekoeksklokken en andere prullaria die ze er kon winnen.

Staat er in de krant iets over kindermishandeling of erger, dan zegt ze walgend: 'Wat een monsters.' En ze herhaalt wat ze zo vaak zegt: 'Voor je jongens doe je toch alles? Ze kunnen veel van me zeggen, maar voor mijn jongens heb ik altijd alles over gehad.' Mijn broer laat dan niks merken en doet vriendelijk, maar als we aan de praat raken over haar, dan hebben we zo een hele avond gevuld met een wedstrijd over wie de meest dramatische details over het leven met onze moeder weet op te rakelen.

Maar we hebben in elk geval rare Arie doorstaan, en Greet, en de caféhouder, de kraanmachinist, de lelijke WAO'er, mijnheer Koek, Jan-zonder-hand en wie ik nog vergeten ben. Dat in ogenschouw genomen had het allemaal veel slechter kunnen aflopen met mij.

De benedenbuurvrouw is haar ijkpunt.

'Ze heeft zo'n dure trui gekocht bij Maison de Groot, je weet wel, die sjieke zaak. Nou, geen kijk. Een lelijk ding! Met allemaal van die rare strepen erop. Ik zeg tegen haar: je moet maar eens met mij meegaan, naar C&A. Twee truien voor 25 euro. Zij had 99 euro neergelegd, voor één!'

De buurvrouw wil niet opvallen en haalt daarom alle onkruidjes weg op de stoep voor het huis. Dat de mensen niet denken: o jee, zij doet er niks aan. 'Ik zag haar laatst met schepjes zout in de weer. Ik zeg: wat doe je nou toch allemaal? Dat was bedoeld tegen het onkruid. Die is niet goed wijs. Ik zeg: dat moet de gemeente doen.' Ook durft de buurvrouw geen patat te eten op straat, of het gordijn dicht te houden 's morgens, omdat de mensen anders denken dat ze lui is. Toch drinken ze elke week koffie, en hebben ze samen eens gegeten bij een goedkoop restaurantje in het dorp.

'Gezellig, hoor,' zei mijn moeder, 'en dat gaan we vaker doen. Wat moeten we anders? Het mag toch? We geven verder nergens geld aan uit.' Haar buurvrouw heeft ook een oogprobleem: kokervisie. 'Da's ook erg hoor, ze ziet niks aankomen in het verkeer. Ze moet mij een arm geven buiten!' Ze klinkt een beetje triomfantelijk. 'Maar ik zie alles juist nog heel goed van opzij!'

Ze heeft het koordje van de badkamerlamp kapot getrokken en krijgt de lamp nu niet meer uit. Mijn moeder klinkt paniekerig aan de telefoon. 'Wil je snel komen? Die lamp moet uit. Het is helemaal niet goed als hij zo lang brandt.'

Als de lamp uit is, stel ik voor om er een nieuw touwtje aan te maken.

'Ben je gek,' zegt ze. 'Dat is voor de woningbouw, daar zijn ze voor. Ik douch wel zo lang in het donker, hoor.'

Een paar dagen later belt ze op, bang voor een spin. 'Hij is hartstikke groot en ik heb er een glas overheen gezet. Wat moet ik nou doen?'

Ik rijd erheen en red de spin.

Hoewel de zwarte vlek iets minder is geworden, heeft dat geen extra gezichtsvermogen opgeleverd. In plaats van de grote acht ziet ze nu soms flikkerende lichtjes die langs de randen lopen. Of schoorsteenpijpen met rode baksteentjes, waar ze zich enorm over verbaast. 'Maar als het zo blijft, dan teken ik ervoor,' zegt ze steeds bezwerend. Haar humeur wordt iets beter. Als ik haar bel, hoor ik het altijd meteen.

'Hoi, met mij!' zeg ik altijd opgewekt. 'Hoe gaat het?'

Als ze zegt: 'Goed hoor,' met een beetje een sarcastische, zuchtende ondertoon, dan gaat het slecht.

Als ze zegt: 'Goed hoor,' op een hoge, luchtige toon, dan is er iets wat ze niet meteen wil vertellen, maar waarvan ze wel verwacht dat ik ernaar vraag.

Als ze zegt: 'Goed hoor!' op echt kordate toon, dan valt het allemaal een beetje mee.

Wel heeft ze lol in de staatsloterij, waar ze elke maand wat wint omdat ze vijfjes neemt met alle eindcijfers. Eenmaal wint ze veertig euro, en daar is ze heel blij mee. Wanneer haar bankafschriften op tafel liggen, zegt ze: 'Lees eens voor wat erbij gekomen is.' Als ik de winst van de staatsloten voordraag, kijkt ze tevreden.

Het was een lange weg, van de koopzieke vrouw met manische schuldenmakerij tot een omaatje dat schraapt van haar AOW en op de centen zit. De staatsloten houden haar in leven, zo lijkt het soms. Ze loopt eenmaal per maand naar de sigarenboer en haalt er een *Telegraaf*. Met de loep bestudeert ze dan de winnende getallen en vergelijkt ze moeizaam met de loten die ze op tafel heeft liggen. Haar fantasie gaat soms met haar aan de haal. 'Als ik toch eens een miljoen win, joh. Dan geef ik het aan jou. En aan je broer natuurlijk. Wat moet ik met zoveel geld?'

Als kind leerde ik dat bij ons in de buurt tulpenbollen werden geteeld. Het doel ervan was niet, zo vertelden ze op school, om rode tulpen en gele narcissen te oogsten, integendeel. Die had men zelfs liever niet. Ze werden dan ook zo snel mogelijk verwijderd, daarom hingen er zoveel bloemenslingers aan de auto's. Nieuwe bollen, daar ging het om. Ik heb toen lang na moeten denken over die onnavolgbare logica: bollen planten om bollen te kweken. De volstrekte zinloosheid van al die afgetopte voorjaarsbloemen stemde me treurig.

De loterij winnen om loten te kopen vind ik net zoiets.

Ik heb ook bewondering voor mijn moeder. Ze loopt elke dag naar de winkel en maakt ook elke dag haar eigen warme hap, ook al schilt ze de aardappels (rode, want die zie je tenminste goed bij het schillen) bijna vierkant. Ze staat 's morgens vroeg op en gluurt dan naar haar favoriete dierenprogramma. Er is nog wel steeds de ruzie met haar van beneden, om de klok. Die ging kapot, maar is gerepareerd en weer aan de muur gehangen, zodat er viermaal per uur een doordringend gehamer klinkt in haar flatje, gevolgd door een muziekriedel. Ze heeft de buurvrouw erop aangesproken, maar die zegt dat de klokkenmaker heeft gezegd dat de klok 'zijn uren nu moet inhalen'. En dat het slecht is om hem 's nachts uit te zetten. Nu negeert mijn moeder haar straal. Ze gaat niet meer met haar koffiedrinken en zwaait niet meer als ze thuiskomt. Het is helemaal afgelopen. 'Voor altijd,' zegt mijn moeder. 'Ik wil niks meer met haar te maken hebben. Kloteklok.'

Ze heeft nu een nieuwe bril van de Action, waar ze ineens van alles door kan zien. 'Ook de mensen op straat, echt!' Ik laat het maar. Ik heb hem ook op mijn neus gehad, maar het is gewoon vensterglas. Wel kampt ze plots met onverklaarbare drukkende pijnen in haar onderbuik. Ze wijst met haar vinger: 'Kijk, daar, boven de geslachtsdelen.' Geslachtsdelen, aangewezen en uitgesproken door je eigen moeder. Maar goed, ze moet dus naar de gynaecoloog en daar heeft ze geen zin in. Ze klaagt veel en heftig over haar buik, maar: 'Ik heb genoeg van dokters, ik hoef er even helemaal niks mee.' Oké. We lassen een dokterspauze in en zien het verder wel. Ik stel me erop in dat we zo nog jaren door kunnen sjokken met ogen, benen, buik, vaten, zenuwen en wat er allemaal nog meer bij gaat komen.

Dan gaat alles ineens wonderlijk snel.

Op een dag in februari zit ze in haar stoel en zegt vanuit het niets: 'Ik heb al de hele week niet gegeten.' Ik zie ineens hoe smalletjes haar gezicht is. Ze kan niet duidelijk maken hoe het komt. 'Ik voel me helemaal niet ziek, ik heb alleen geen honger. Het voelt, ja, heel gewoon eigenlijk.' De volgende dag zitten we bij de huisarts. Foto's laten maken, is haar advies. Als de dokter me even apart neemt, zegt ze: 'Je moeder heeft altijd veel gerookt. Ik vertrouw het niet, ik ben bang voor de longen.' Ik maak me niet druk. Mijn moeder is de afgelopen jaren door zoveel doktershanden gegaan met al haar kwalen, dit overleven we ook wel weer. Op routine stappen we diezelfde week weer in de auto, gaan naar het ziekenhuis, laten foto's maken. Mijn moeder maakt zich totaal geen zorgen, ik ook niet.

Maandagochtend zit ik op mijn werk aan de koffie, als mijn mobiel gaat. De huisarts. 'Sorry dat ik je stoor, maar het lijkt helemaal niet goed te zijn met je moeder. Een vlek op de longen, ik ben bang dat het kanker is.' Ik word warm van schrik. Met trillende handen pak ik mijn spullen en rijd meteen naar mijn moeders huis, waar de huisarts er ook net aankomt als ik uit de auto stap. Ze kijkt ernstig.

Ik had mijn moeder al even kort gebeld om te laten weten dat we samen zouden komen. 'Hoezo?' had ze stomverbaasd gezegd, want ze zat nietsvermoedend naar *As the World Turns* te kijken. De dokter en het onderzoek waren alweer op de achtergrond. Ik haalde diep adem en probeerde mijn paniek niet te laten merken. 'De foto was niet goed.'

Ze was even stilgevallen. 'Gadverdamme,' zei ze uit de grond van haar hart.

Als we bij haar zitten, kijkt mijn moeder angstig van mij naar de huisarts. De huisarts zegt dat ze meteen naar de longarts moet. 'Misschien is het wel iets heel anders,' zegt mijn moeder. 'Het hoeft toch geen kanker te zijn?' Ze kijkt me ineens recht aan, met grote ogen. Ik kijk terug en mijn hart breekt. Kan een moeder echt doodgaan?

De huisarts vertrekt. Ze steekt haar hand uit en kijkt me ernstig aan: 'Sterkte.' Dat bevalt me niks, ineens horen bij mensen die sterkte nodig hebben. Helemaal niks.

We zijn aan het kapseizen, en ik kan niet van de boot af.

*

In de auto. Ziekenhuis. De longarts. Hij zit achter zijn bureau en we kijken naar hem, mijn moeder en ik. Naast hem zien we op een computerscherm de foto's van de longen van mijn moeder. Hij wijst enkele onduidelijke vlekken aan in de grijs-witte weergave van haar innerlijk.

'Ik zie niks, hoor,' zegt mijn moeder. 'Ik heb namelijk hele slechte ogen.'

'Ik heb geen goed nieuws,' valt hij dan met de deur in huis. 'U hebt longkanker. Met uitzaaiingen.'

Ik bevries.

Mijn moeder reageert meteen: 'Dat had ik wel gedacht. Maar ik wil er niks aan doen, helemaal niks. Ik heb aan mijn zus gezien hoe je er dan aan toe bent. Ik heb een mooi leven gehad. En ik heb gerookt, dus het is mijn eigen schuld.' Ze legt een hand op mijn been. 'Ik vind het 't ergst voor mijn kinderen.'

Ik voel me hulpeloos.

De longarts zegt dat we altijd mogen bellen, maar dat hij niks meer kan doen. De huisarts is op de hoogte en kan verder overal voor zorgen. Daarna weten we eigenlijk niet meer wat we moeten zeggen, dus we staan binnen vijf minuten weer buiten, waarbij we de arts, die zich had ingesteld op een uitge-breid slechtnieuwsgesprek, wat ontreddderd achterlaten. In het pendelbusje naar de parkeergarage zit mijn moeder strak naar buiten te kijken, een ineens griezelig klein vrouwtje met aandoenlijk rechtopstaande grijze haartjes waar rare happen uit zijn. Ze had ze zelf wat bijgeknipt omdat ze zo 'vies lang' waren.

'Dan hoef ik nou in ieder geval nooit meer naar dat klote-ziekenhuis toe,' zegt ze gemelijk.

Waarop een medepassagier zegt: 'Maar dát is goed nieuws, mevrouw!'

Ik sla een arm om haar schouder. Als we weer bij haar thuis zijn, zeggen we dingen als: afwachten maar, je kan er nog niks van zeggen, sommigen worden er honderd mee, nu goed voor jezelf zorgen, en gezond eten maar, we gaan het scherp in de gaten houden.

Ik ga op zeker moment maar weer weg.

*

Een dag later ben ik weer bij haar, en het nieuws is geland.

'Ik hoor maar steeds dat woord,' zegt ze meteen. 'Uitzaaiingen. Ik heb er de hele nacht niet van geslapen. Ik was altijd bang dat ik kanker zou krijgen, die rotziekte. En nu heb ik het.' Ze zit onthutst in haar stoel. 'Kanker. Maar ik voel niks. Hoe ken dat nou?' Ik kijk met grote ogen naar haar en denk: mijn moeder gaat dood, mijn moeder gaat dood. Het is normaal. Het hoort bij het leven. Ze is oud. Maar ik wil het niet. Dat onbestaanbare zwarte gat, nee, niet voor mij. Ik kan er niet aan denken dat ze er straks niet meer zal zijn. Wat moet ik dan? Ik heb haar net zo nodig als zij mij. Een leven zonder haar is onbestaanbaar.

*

Ze krijgt medicijnen om de eetlust op te stoken. Wantrouwig bekijkt ze de pillen, en pas na lang aandringen wil ze ze gaan slikken. Twee dagen later belt ze op. 'Het zijn wonderpillen. Ik voel me beter. En het eten smaakt me ook weer lekker.'

Ik bel bij haar aan, stap het trappenhuis in en roep naar boven: 'De gaarkeuken!' Mijn moeder moet ondanks alles een beetje lachen, neemt het pannetje in ontvangst, doet de deksel eraf en snuift de geur op. 'Hmm, boerenkool!' zegt ze genietend. 'Dat maak ik nooit voor mezelf, echt nooit. Lekker, hoor.'

We lopen naar binnen, ze gaat koffie zetten. Er hangt een rare draad uit haar vest en er zitten brandgaatjes in haar stoel. Ze rookt momenteel als een schoorsteen, want het kan haar allemaal niks meer schelen. 'Ik heb toch al kanker, erger kan het niet worden.'

Ze drentelt heen en weer, ze kletst wat, en ondertussen bekijk ik stiekem haar schamele spulletjes. Wanneer zou ze doodgaan? Ik moet dan haar huis leegruimen. Ik bel de kringloop wel, denk ik, maar eerst zoek ik de spullen eruit die je nu eenmaal moet bewaren van een moeder. Fotoalbums, een beeldje dat ze eens van mij gekregen heeft, haar leesloepje en een zilveren medaillonnetje met een portretje erin. De stoelen en de bank kunnen meteen weg, de vloerbedekking ook. De goedkope keukenspullen zet ik in een doos langs de weg. Ik overpeins wat ik straks met al die stapels pastelkleurige truien, bloesjes en jasjes moet doen. En met haar enorme verzameling pantykousjes en inlegkruisjes. Kun je het risico nemen dat je in het dorp een vreemde ziet lopen met haar jas aan, en dat je dan een schok van herkenning krijgt omdat je denkt dat het je dode moeder is? Ik ga voor zakken die naar Polen gaan.

Ze komt met twee kopjes de kamer weer in. Ik heb haar ooit een hele dure beker gegeven, Engels porselein met een stel katten erop geschilderd. Die ga ik bewaren, want die vind ik zelf eigenlijk ook wel leuk. We drinken koffie.

Hoe zal ze doodgaan? In een ziekenhuis? In haar eigen bed? En hoe zal ze eraan toe zijn? Als ze dood is, hoe zal dat voor mij zijn? Soms stel ik het me voor. Dan loop ik op straat en verbeeld me dat ze er niet meer is, dat er een grote leegte is op de plek waar zij nu nog op de wereld is. Dat lukt nooit.

Ik sta weer op en doe mijn jas aan. Mijn moeder komt wat stijf overeind en klaagt over pijn.

'Ach,' zeg ik, 'je zult zien dat je nog wel negentig wordt. Of honderd. Krakende wagens lopen het langst.'

Dat cliché bevalt haar goed.

Heel goed zelfs.

Ik ga elke dag langs en we gaan er wat vaker op uit. Terrasje, stukje rijden. Ze zegt: 'Je hoort soms zulke rare dingen over kanker. Wie weet haal ik Kerstmis nog. Toch?' Bang kijkt ze me aan en ik haast me om geruststellende dingen tegen haar te zeggen. Het is april. Het zien gaat steeds slechter, maar dat lijkt haar minder te deren. Als mijn schoonzusje op bezoek is, wenkt die me zwijgend naar de wc. De bril is besmeurd met aangekoekte poep. Mijn moeder vraagt geïrriteerd wat we aan het doen zijn als we met schuursponsjes en bleekwater in de weer gaan. Ze valt stil als we het zeggen.

Later zegt ze aan de telefoon: 'Gadverdamme, dat vond ik zó vies. Ik schaam me ervoor.'

Ik zeg dat het helemaal niet erg is en gebruik het argument dat me steeds vaker te binnen schiet: 'Als het jouw moeder was, deed je toch ook alles voor haar?' Ze vertelde me namelijk laatst weer dat ze zo graag voor haar moeder had gezorgd toen die stervende was.

'Ja, natuurlijk,' zegt ze.

En ze zucht.

Ik heb gehakt voor haar gehaald, maar ze is te moe om er zelf balletjes van te draaien. Zo lang kan ze niet meer bij het aanrecht staan. Ze vertelt me vanuit haar stoel wat er allemaal in moet, ik draai ze en bak ze in haar juspannetje. Als ze klaar zijn, geef ik haar een klein stukje en sta als een chef-kok naast haar te wachten op haar oordeel. Ze eet met kleine hapjes.

'Lekker,' zegt ze. 'Nu kan jij het ook.'

'Ja,' zeg ik. 'Nu kan ik het ook.'

*

Ik vraag aan mijn moeder: 'Wat wil je dat er met de as gebeurt?'

Ze denkt na, daar heeft ze nog niet bij stilgestaan. 'Ik zet je niet op de vensterbank, hoor,' zeg ik. Daar kan ze wel een beetje om lachen.

'Kan me niks schelen, gooi mij maar gewoon in de vuilnisbak,' grapt ze.

'Er is een strooiveld hier in de buurt. Wil je het zien?' We stappen meteen in de auto en rijden naar een afgelegen weiland buiten het dorp, waar binnen hoge hekken een kunstmatig bos is aangeplant. Het gemeentelijke asveld. Heel stil is het er. Tussen de tralies zijn verregende foto's en plastic hangertjes met verkleurde tuiltjes kunstbloemen geklemd. Ze tuurt naar de rouwteksten die erbij geschreven zijn en kijkt het bos in. Het is er donker.

'Ja, ik weet niet,' zegt ze weifelend. 'Wat vind jij?'

We kijken nog even rond en dan rijden we weer weg. Ik stop ook bij een klein, nieuw kerkhof vlak bij mijn huis. Het ligt er mooi en ruim, en aan de rand is een klein natuurgebied.

'Jammer dat ik me laat cremeren,' zegt ze. 'Hier is het veel fijner.'

Ik kijk naar de rietlandjes om het kerkhof heen. 'Maar ik kan je ook hier uitstrooien toch? Doe ik het gewoon stiekem.'

Ze kijkt opgelucht.

'Ja,' zegt ze. 'Doe dat maar. Lekker dicht bij jou.'

*

Een zondagmiddag, lunchtijd. Ze zit in een wit jasje aan een terrastafeltje, het is fris en ze huivert. Inmiddels weegt ze nog maar achtenveertig kilo. Ze ziet ook bijna niets meer. Haar grijze haar zit happerig achter haar oren, omdat ze het met haar blinde ogen weer eens zelf heeft bijgeknipt. De huid achter haar oren is schilferig. Om mij een plezier te doen bestelt ze – als ontbijt en lunch – koffie en een stuk cake. Ik neem chocolademelk met slagroom. Haar koude, knokige handen klemmen zich om het warme koffiekopje. Ze eet met veel moeite en in piepkleine stukjes het lekkers op, slikt het moeizaam weg. Het zal het enige zijn wat ze die dag eet. Als ik de chocolademelk op heb, zegt ze: 'Dat had me nou ook zo lekker geleken, die slagroom.'

'Had dat dan gezegd. Verdorie!'

Ik wind me heel erg op. De slagroom lijkt ineens heel belangrijk, alsof die haar leven had kunnen redden.

'Maar je zat er zo lekker van te eten,' zegt ze verontschuldigend.

Ik kan wel huilen.

*

Dat terrasje blijft het ijkpunt. Een paar weken later zit ze in een van haar warme fleecejasjes met een grote gele zonnebril op aan datzelfde tafeltje. Ze hoeft niks. 'Neem jij nou maar wat lekkers. Ik heb geld bij me.' Ze schuift een plastic mapje over de tafel waarin een briefje van tien zit. Even later kijkt ze in de verte en haar gezicht vertrekt wat. Ik durf niet te vragen waar ze aan denkt.

'Gezellig altijd hier, hè?' zeg ik lafhartig.

'Ja, nou,' zegt ze. 'Jij weet altijd van die leuke plekjes te vinden.'

*

De trap in haar huis kan ze nu bijna niet meer op of af, dus ik doe alle boodschappen. Ook regel ik dat er thuiszorg komt. Eerst wil ze dat niet, maar dan vindt ze het goed dat ze gedoucht wordt, en dat ze elke ochtend bij haar komen. Een wisselende stoet van jongens en meisjes zien we voorbijtrekken. Soms word ik kwaad, terwijl ik dat niet wil, voor haar.

'Jezus, ze zijn nog te beroerd om die paar kopjes voor je af te wassen,' bries ik dan, met veel lawaai bezig in haar keukentje.

'Kind, wat geeft dat nou,' roept ze vanuit haar stoel. Ik hoor aan haar stem dat ze schrikt van mijn boosheid. De volgende dag heeft ze de keuken zelf opgeruimd.

*

Ik heb de week erop 's middags voor de thuiszorg alvast drie pannetjes klaargezet: twee aardappeltjes, één struikje lof en een kwart gehaktballetje met jus, allemaal dingen die mijn moeder graag lust. De volgende dag vraag ik of het lekker was. 'Ze hebben het zo gekookt, in datzelfde water, zonder zout,' zegt ze. 'Het was vies en ik heb het laten staan.'

Woedend ben ik en ik schrijf dat op in het journaal. Ik wil

dat mijn moeder lekker eet, zijn ze helemaal gek geworden daar?

*

Ik haal haar op. Ze komt stapje voor stapje de trap af en klimt moeizaam de auto in. We gaan even naar mijn huis, want ze wil er even uit. Door mijn straat komen toevallig net honderden wielrenners racen omdat er een grote wedstrijd gaande is. Ze staat een paar minuten in de schelle zon voor mijn deur te kijken naar de voorbijflitsende fietsers, maar dan wil ze weer naar binnen. We lopen de tuin in om mijn nieuwe tuinhek te bekijken. Ze is er mee ingenomen, vooral omdat hij op slot kan. 'Nou ben je tenminste veilig 's nachts.' Als ze weer naar binnen wil en haar been optilt, valt ze zo over de drempel de keuken in. Ze ligt weerloos op de vloer, als een slappe pop, en ze moet ervan huilen. 'Hoe kan dat nou? Ik wil gewoon naar binnen stappen, dit heb ik nog nooit meegemaakt.'

Met veel moeite krijg ik haar overeind, het lijkt alsof er geen enkele kracht meer in haar botterige lichaam zit. Later op de stoel zit ze te trillen. Ze wil niks meer, ze weet helemaal niet meer hoe het verder moet, ze voelt nergens meer houvast. Ik ga naast haar zitten, houd haar vast en zeg dat we naar huis gaan, dat ze naar bed moet.

Daar ga ik pas weg als ze slaapt, met een pilletje. Als ik weer thuis ben, moet ik zelf ook huilen.

*

Mijn moeder is jarig, en we gaan naar een grote Van der Valk in de buurt. Op haar verjaardag neemt ze mij daar altijd mee naartoe. Van tevoren gaat ze dan geld halen bij de bank, meestal veel te veel, want ze heeft geen idee van de prijzen. 'Is tweehonderd euro wel genoeg?' fluistert ze dan benauwd als de rekening wordt gebracht. Het restaurant is haar favoriete feestelijke bestemming, het eten daar kan ze begrijpen en ze neemt altijd hetzelfde: een schnitzel met gebakken uitjes en champignonnetjes, waarbij ze twee keer gretig opschept uit de schaaltjes met gebakken aardappeltjes, bloemkool en sla. En altijd belt ze me de volgende dag op: 'Lekker was dat hè, en zo gezellig, dat doen we gauw weer.'

Vandaag neemt ze alleen een kom tomatensoep.

Ze zit in de nu veel te grote fauteuilachtige stoel, een doorschijnend, futloos vrouwtje van drieënveertig kilo met een gebloemd vestje aan dat haar nu veel te ruim om de schonkige schoudertjes zit. Haar gezicht hangt en ze kijkt mismoedig naar de tomatensoep. Ik zeg: 'Lach eens!' en maak een foto. Daarop lijkt het later alsof ze het best naar haar zin heeft, maar eigenlijk lacht ze dan al lang niet meer. 'Neem jij nou maar alles wat je lekker vindt,' zegt ze. 'Ik betaal.'

Ik wurg een gebakken visje naar binnen. Ze neemt zelf twee hapjes soep en schuift dan de kom weg.

'Ze vinden het hier altijd leuk,' zegt ze, 'die thuiszorgers. Vandaag was er een nieuwe, die moest mensen leren wassen. Een jonge jongen. Hij mocht eigenlijk alleen maar kijken, maar ik zeg: aanpakken jij, en ik gaf hem zo een washandje. Hij keerde zijn hoofd af toen hij me van onderen moest wassen, maar ik zeg: niet nodig hoor. Wat kan mij dat nou nog schelen.'

Ze wordt steeds magerder en ik koop astronautenvoedsel voor haar bij de apotheek, kleine kartonnen pakjes lauwe powerdrink met onmenselijk veel calorieën in weeïge smaken: chocola, mokka, aardbeien. Af en toe neemt ze er een slokje van, en ze slikt het gruwend door alsof het glibberige levertraan is. Dagen, weken achtereen dring ik het haar op zodra ik bij haar ben, zo graag wil ik dat ze wat eet. Als ik de weerzin in haar ogen blijf zien terwijl ze bijna kokhalzend het rietje in haar mond doet, stoppen we er maar mee. De thuiszorg kookt ook al niet meer. Ze zetten alleen water en medicijnen klaar, schudden haar bed op, wassen haar, proberen een beschuitje met dik boter en suiker, praten wat.

Dan is ze al bekaf.

Tijdens een bezoek van mijn broer staat dan toch haar bed in de huiskamer. Daar had ze zich eerst met hand en tand tegen verzet, omdat ze wist dat dit het *point of no return* zou worden. Als ik langskom, ligt ze stralend tussen de lakens.

'Mooi hè?' zegt ze. 'En ik vind het zo gezellig, die drukte om me heen.' Ze kijkt tevreden, terwijl mijn broer en schoonzus kletsen, koffiezetten en de afwas doen. Dit doet recht aan wat ze nu is: een ziek kind dat verzorgd wil worden en de vertrouwde geluiden wil horen van mama die stofzuigt en kookt.

Als iedereen weg is, ligt ze bleek in haar bed en wil niets meer. Als ik haar iets vraag, haalt ze alleen maar zuchtend haar magere schoudertjes op. Een kinderlijk, onbeholpen gebaar. Het bevalt me niks dat ze 's nachts alleen is.

*

Het bed wordt al snel vervangen door een ziekenhuisbed, want ze kan er zelf niet meer uit komen en ligt nu de hele dag in bed.

'O nee!' had ze eerst geroepen. 'Gadverdamme, zo'n vreselijk ding!' Ze denkt aan roestige witte tralies en piepende scharnieren, en dat ze dan een echte patiënt is, net zoals haar broer die vlak na de oorlog maandenlang moest kuren in een naargeestig tbc-sanatorium in de bossen.

Als het bed komt, blijkt het een keurig houten exemplaar, licht eiken, met een trekkoord eraan. Ze inspecteert het met haar kippige ogen. 'Dezelfde kleur als mijn kast,' roept ze. Tevreden ligt ze vervolgens op de antidoorligmatras en oefent onbeholpen met het elektrische mechanisme waarmee ze het bed kan bedienen. Haar armen zijn zo dun dat ze zichzelf allang niet meer kan optrekken aan de papegaai.

*

Ooit maakten we een reisje naar België. Ik was drie, mijn vader was erbij, en ook nog een collega van hem, van de zetterij. Die man had een auto gehuurd en wij mochten mee. Ik kan me van die vakantie niets herinneren – alleen die ene dag.

We staan bij een groot hek en schuiven achter een groep mensen aan naar een loket, waar een man zit met een rode pet. We gaan een trap af en moeten wachten achter een ander hek, dan mogen we erdoor. Gedwee schuifelen we een rotsgang in, die alsmaar nauwer en donkerder wordt, en steeds meer naar vocht en klamme duisternis ruikt.

Met mijn hand houd ik contact met de vochtige rotswand. De geluiden zijn hol en galmend. De man die voorop loopt vertelt steeds dingen waar iedereen om moet lachen. Ik kijk achterom en merk dat daar alles aardedonker is. We komen in een enorme onderaardse zaal, waar de man via een bedieningspaneel het licht aandoet. Plok, plok, plok – wel honderd lampen springen aan. Een immens hoge rotswand verrijst, meer dan honderd meter boven ons. Aan het plafond van de granieten kathedraal zie ik vreemde witte, druipende steenmassa's.

'De melk kookt hier altijd over,' zegt de man.

De grot vult zich met klaterend gelach, dat hol omhoog kaatst en in de rotsen verdwijnt. We lopen verder. Iedereen moet in een bootje stappen. Ik zie het zwarte, stille water van een onderaardse beek en word ineens bang dat ik daarin zal wegglijden, geluidloos en koud, en dat niemand het zal merken. Ik zal daar dan liggen, met grote open ogen onder water. Mijn handen klem ik om de houten zitting van de bank. Af en toe moeten we bukken of zelfs plat in de boot gaan liggen. Het is een tocht naar het binnenste van de aarde. Vóór ons is niets. Achter ons ook niet.

Als ik uitstap, moet ik steil omhoog lopen terwijl ik een dikke, natte touwleuning vasthoud. Af en toe glibber ik weg op mijn sandalen. Ik hoop dat we nu weer naar buiten kunnen, de zon in. We staan op een soort platform en ineens, zonder waarschuwing, gaat het licht uit. Ik zie alleen het kleine lichtje vooraan, van de man met de zaklamp. Het maakt een gouden cirkel op de stenen wand. Maar ook dat licht knipt hij uit.

Alles is zwart en stil. Ik sper mijn ogen open, in een vergeefse poging om licht te vangen. Ik ben niemand, ik ben nergens. De donkerte duurt en duurt.

Als het licht weer aangaat, zie ik als eerste het spierwitte, angstige gezicht van mijn moeder. Ze klemt mijn hand stijf vast.

Later lees ik op een oude, uitvouwbare fotoharmonicakaart dat dit de grotten van Remouchamps waren.

✳

Ook nu is er een zware, donkere nacht rond mijn moeder en mij. En ik houd haar hand vast, net als toen.

Ik hoor Bach in de auto, tranen prikken. Hoe moet dat nou als ze dood is? Hoe kan ik ooit weer gewoon naar zulke muziek luisteren? Komt mijn leven ooit weer op orde? Ik heb alle afspraken afgezegd, vrij genomen van mijn werk. Ik heb het gevoel dat ik nooit meer in staat zal zijn gewoon te leven. Ik ken haar vanbinnen en vanbuiten, ik zorg voor haar, ik wil ook voor haar zorgen, desnoods mijn hele leven. Ik voel me alsof ik mijn kind ga verliezen, en ook de persoon voor wie ik het belangrijkste ben op de hele wereld. Met haar zal ik zelf ook een beetje doodgaan, dat weet ik nu heel zeker.

✳

We praten over haar uitvaart. 'Niks raar, hoor. Daar kunnen we het toch gewoon over hebben?'

Ze wijst op een mintgroene blouse met paarlemoeren knoopjes. Die wil ze aan. 'En verder maakt het me niks uit. Ik weet er zelf toch niks meer van.'

Mijn moeder pakt haar portemonnee en haalt er een oud medaillonnetje uit. Het is blauw, met een afbeelding van de heilige Maria op de voorkant. Het kan open, er zitten wat dof geworden blonde lokjes in – van Treesje nummer 1.

'Als je maar belooft dat jij dat voortaan bij je gaat dragen. Mijn moeder had het ook altijd in haar portemonnee. Dat vind ik een fijn idee.'

Ik beloof het. Ik wist niet eens dat ze dat dingetje nog had. Als muziek wil ze 'No Regrets' van Elton John. 'Omdat ik nergens spijt van heb. Ik heb een mooi leven gehad.' Dat beaam ik. Verder kan het haar niks schelen. 'Je zoekt maar wat uit.'

Ik heb de cd meegenomen van *E lucevan le stelle* en laat die aan haar horen. We hebben dit toch samen als herinnering, van vroeger, Amsterdam, ons huisje? Ik weet zeker dat ze het mooi vindt. Wel heb ik geaarzeld of ik dat voor zou stellen; voor altijd zou dat nummer dan gaan over haar dood en daarmee zou ik het kwijt zijn en vast nooit meer draaien.

Maar ik gun haar die prachtige muziek; even doorbijten dus. Ze luistert, met haar hoofd iets scheef. Dan herkent ze het. 'Ach gats, nee hoor,' zegt ze met afkeer. 'Dat vind ik een zeiknummer.' Ik ben verbouwereerd. Dan stel ik haar maar Vivaldi voor, want ze vindt *De winter* uit *De vier jaargetijden* ook prachtig. Die is gedraaid op de uitvaart van haar zus. Ze is moe, vindt alles best.

Wel drukt ze me nog op het hart dat ze er netjes bij wil liggen. 'Met het laken tot hier,' zegt ze, en ze wijst op kinhoogte. Ze heeft een hekel aan het droge ouwevrouwenvel in haar magere nek, droeg altijd hooggesloten bloesjes.

'Welke broek wil je dan aan?' vraag ik.

'Dat zoek je maar uit. Voor mijn part niks.' Ik denk aan de blokjesbroek van haar zus.

De thuiszorgster belt, ze hebben haar die ochtend gevonden in de wc. Met de rollator was ze daar zelf heen gestrompeld en ze was naast de bril terechtgekomen. Ze kon niet meer overeind komen en heeft daar een paar uur gelegen in de kou, in haar blote kont. Later die dag kom ik binnen en ligt ze op haar rug dwars over haar bed, hulpeloos. Gaan zitten, omgevallen. Ik zet haar weer terug, tegen het grote kussen aan. Ze krijgt nu een alarmeringsbel om haar nek en mag zelf niet meer uit bed komen.

Haar energie is bijna nul.

*

Op een avond belt ze me om een uur of tien op, als ik bezoek heb. Ik schrik als ik haar nummer in het scherm van mijn telefoon zie.

'Ik moet weg,' zeg ik tegen de visite. 'Mijn moeder zegt dat ze niet meer kan ademen.'

Als ik aankom, zit ze op de rand van het bed op me te wachten, krijtwit en magertjes in haar pyjama. Ze haalt adem met korte zachte stootjes en maakt een benauwde indruk. 'Ik ben zo bang,' fluistert ze. 'Ik denk dat ik stik.' Ik ga naast haar zitten en sla een arm om haar heen. 'Rustig maar, ik blijf hier,' zeg ik. Even heb ik het idee dat ze er nu, zomaar, van tussen zal gaan. Ik pak haar wat steviger beet.

'Ik blijf bij je,' zeg ik weer.

Dan bel ik de huisartsenpost. De dokter komt, luistert aan het magere borstkasje, twijfelt. Tja.

We kunnen het tot morgenochtend aanzien of we kunnen naar het ziekenhuis, zegt hij. Ik kies voor het ziekenhuis, heb het gevoel dat ze daar beschermd zal zijn. Hoop zelfs vaag dat ze niet meer thuiskomt, dat ik de zware last kan overdragen.

Mijn moeder vindt het goed. De dokter belt op, en er komt een grote ambulance. De brancard kan moeilijk de trap op, dus de broeders helpen mijn moeder stapje voor stapje de trap af, twee grote kerels met gekleurde hessen aan en een scharminkelig vrouwtje tussen hen in. Ze wordt achterin op een brancard gelegd. Inmiddels is het na twaalven. Ik rijd in de stille, donkere nacht achter de ziekenwagen aan naar het ziekenhuis.

Een verlaten parkeerterrein. Door de lege, neonverlichte gangen moet ik een heel eind lopen naar de spoedeisende hulp. Ik vind haar terug in een witte kamer op een bed, waar ze wacht op een dokter. Het is er stil en leeg. Na een uur komt er een jonge coassistente. Ze is vriendelijk, maar na enkele inleidende zinnen gaat haar pieper al. Ze heeft ook dienst op de hartbewaking, dus ze spoedt zich weg, vol verontschuldigingen. Dit herhaalt zich twee keer voordat we haar kunnen spreken.

Mijn moeder ligt ondertussen in dat grote bed, klemt de dekens vast, kijkt bang om zich heen. Langzaamaan gaat ze wel weer iets rustiger ademen. Er volgen een scan en een foto. Als de dokter na lange tijd weer terugkomt, zegt ze dat er niets bijzonders op de foto's te zien is, althans niets wat de klachten kan verklaren. De diagnose is dus hyperventilatie. Stress. Door angst. Voor de zekerheid wordt mijn moeder opgenomen. De dokter rijdt haar een donkere slaapzaal in en in het holst van de nacht rijd ik weer naar huis.

De volgende dag kan ik haar om halftien alweer ophalen, ze krijgt kalmerende medicatie mee. Ze zegt dat ze wel een klein beetje heeft geslapen, maar ze is wit en moe.

Met veel moeite stapt ze in mijn auto, nog in haar pyjama, met een jas eroverheen. Als we bij haar huis komen, schaamt ze zich. 'Moet ik nu zo naar de deur lopen?' Ze heeft ook haar sloffen nog aan. Ik zeg: 'Wat kan jou het nou schelen wat de mensen van je denken?'

Ik help haar de trap op, tree voor tree, houd haar goed vast, geef haar kleine duwtjes omhoog. Ze redt het maar net, en als ze even later weer in bed ligt, is ze kapot.

Haar shag is haar enige troost. Omdat ze te zwak wordt om zelf sigaretjes te draaien, rol ik elke dag een flinke voorraad die ik in haar shagpakje stop. Ik heb verbazend genoeg meteen weer de routine van vijfentwintig jaar geleden, toen ik zelf nog lekker doorrookte. Naast haar bed staat een wit aanschuiftafeltje met daarop een asbak, de afstandsbediening, een telefoon, een gele superkingsize aansteker, een wekker met extra grote cijfers en een beker met een rietje. Zodra ik bij haar binnenkom, doe ik mijn jas uit, want ze heeft het chronisch ijskoud en stookt het zevenentwintig graden.

Ik steek meteen een shagje voor haar aan. Ze inhaleert gretig en blaast de rookwolken uit. 'Wat ruikt dat toch lekker,' zegt ze genietend. Ze zit rechtop in haar bed met een grote handdoek op het laken, daarop staat de asbak.

's Nachts rookt ze stiekem, terwijl ik haar dat verboden heb. In de dure antidoorligmatras van de thuiszorg zit ineens een groot brandgat. Ze kijkt schuldig als ik het ontdek en tegen haar zeg dat ze niet in bed mag roken als ze alleen is. Geeft ze niet als enige goede doel aan de brandwondenstichting omdat haar grootste angst is om in een vuurzee terecht te komen?

Nou dan.

Als ik thuiskom, stink ik elke keer verschrikkelijk naar rook en heb ik het bloedheet.

*

Op een dag komt een kennis even bij mijn moeder oppassen als ik naar de kapper moet. Ik doe mijn jas aan. Mijn moeder vraagt vanuit haar bed: 'Blijf je lang weg?' Ze kijkt als een bang kind, ook al glimlacht ze dapper naar de oppas. Als ik na een uurtje terugkom, heeft mijn moeder geen sigaretjes gekregen. De oppas vindt roken vies. Ik voel me schuldig.

Praten wordt moeilijker, en op een dag fluistert ze alleen nog maar. Zich omdraaien kan ze niet meer zelf.

'Heb je pijn?' vraag ik.

Ze schudt haar hoofd. 'Nee. Ik voel me alleen rot. Zó rot.'

Ze ligt op haar rug en zakt af en toe weg in een soort half-slaap. Ze kan niet meer drinken en op aanraden van Mohammed van de thuiszorg heb ik sponsjes-op-stokjes voor haar gekocht. Die staan in een beker fris water en daar kan ze op sabbelen. Dat vindt ze wel lekker. Als ik haar mond een beetje wil schoonmaken, zie ik dat die vanbinnen helemaal beslagen is en bedekt met een soort zweren. Ik schrik ervan, maar ze zegt dat het geen pijn doet. Ik heb die dag een fleurige jurk aan.

'Mijn bloemenmeisje,' zegt ze.

Ik besluit dat ze niet meer alleen kan zijn en stop helemaal met werken. Na veel aandringen bij de thuiszorg krijgt mijn moeder een nachtzuster, zodat ik zelf thuis nog wat kan slapen. De dagen en nachten vloeien in elkaar over. Op donderdag komt de huisarts. Mijn moeder kan bijna niks meer en vraagt ons of we er een eind aan willen maken. Ze lijkt helder en praat wel, maar ik merk dat ze niet meer helemaal aanwezig is. Ze laat zich zonder morren op de door haar verfoeide postoel hijsen en merkt amper nog dat ze ook heeft gepoept en dat het enorm stinkt. Het is wonderbaarlijk hoeveel afval er nog uit een lichaam komt dat niks eet. Ze wil zelf nog een beetje haar billen afvegen, haalt er moeizaam een papiertje langs en bekijkt het dan. Ze glimlacht. 'Het werkt nog,' zegt ze opgelucht.

Inmiddels heeft ze al drie weken alleen maar gedronken. Een heel enkele keer neemt ze een paar theelepeltjes gele boerenvla die ik speciaal voor haar op de markt haal. We laten alles nu aan haar over, dringen nergens meer op aan.

Op vrijdagavond komt er een toetsdokter die een eventuele euthanasie moet bespreken, als objectieve buitenstaander. Het is een grote man met een bespottelijk harde stem, die er met zijn roze wangen veel te blakend bij zit naast het wrak dat mijn moeder inmiddels is. Hij buigt zich naar haar toe. Met veel lawaai legt hij mijn moeder uit wat de bedoeling is, waarbij hij grote en moeilijke woorden gebruikt. Ook stelt hij haar ingewikkelde vragen en wil hij duidelijke antwoorden. Ik wil mijn moeder tegen hem beschermen, ze kijkt zo bang naar hem op. Mijn broer is er ook. Mijn moeder geeft bijna geen geluid meer, ze fluistert alleen nog een beetje. Soms haalt ze die magere schoudertjes op, als een verdrietig vogeltje, en dan wil ik roepen: sodemieter op met dat harde doktersgeschreeuw van je, laat mijn moeder met rust. Hij schrijft de verklaring uit en ook een royaal recept voor morfine en Haldol. Dat dan weer wel.

Dan vertrekt hij. Maandag zal de huisarts komen. Voor de euthanasie. Mijn moeder fluistert: 'Moet ik dan nog het hele weekend zo blijven liggen hier?' Mijn broer gaat weer naar huis.

Als de nachtzuster er is en ik weg wil gaan zegt ze: 'Jullie zijn er dan toch wel bij hè, als het gebeurt? Ik wil alleen jullie erbij.'

'Natuurlijk,' zeg ik. 'We laten je toch nooit in de steek?'

Op zaterdag komt mijn nichtje, de dochter van Greet. Mijn moeder heeft warme gevoelens voor haar. Ze ligt er wit en doorschijnend bij en haar grijze haartjes liggen klam tegen haar smalle schedel. Als mijn nichtje binnenkomt, doet mijn moeder haar ogen open en lukt het haar om ietsje overeind te komen. Ze huilt geluidloos als mijn nichtje tegen haar zegt: 'Ach, vrouwtje toch.' Dan zakt ze weer een beetje weg. We kijken naar haar. Samen met mijn nichtje besluit ik dan om met de morfine te beginnen. Ik durf eerst niet, want mijn moeder wil het ondanks alles niet slikken en draait steeds haar hoofd weg. Gewone kleine slaappillen kan ze niet meer weg krijgen. Als ze 's middags toch even slaapt, met haar mond open, kijken we elkaar aan. 'Als het mijn moeder was, zou ik het doen,' zegt ze. Samen druppelen we met een pipet flink wat morfine in haar mond. Ze slikt het weg, in haar slaap. Ik heb even het plechtige gevoel dat we haar een handje hebben geholpen en ik bekijk haar intensief. Mijn hart bonst. Zou ze er nu tussenuit knijpen?

Een uurtje later is mijn moeder klaarwakker en wil ze plassen, en een shagje.

Beste thuiszorgmensen, zouden jullie tussen de middag de korstjes van haar brood willen snijden? Anders kan ze het niet weg krijgen. En graag maar een half boterhammetje geven, want bij een hele ziet ze er zo tegen op dat ze helemaal niks eet. Doe er maar dik boter en suiker op, of anders leverpastei. En vergeet niet om 's avonds haar kunstgebit schoon te poetsen want dat was gisteren heel vies. Ik ben er om halfvijf weer. Dank je wel!

Beste thuiszorg, ze moet echt elke dag die Dexamethason slikken, drie maal daags. Orders van de huisarts. De pillen zitten in dat witte doosje met de weekdagen erop. Ze kan het zelf niet meer onthouden. Ze zegt soms dat ze pillen heeft gehad, maar dat is niet waar. De pil van tussen de middag zat namelijk nog in het doosje. Vandaag heeft ze over de hele dag een half beschuitje met suiker gehad. Willen jullie zo lief zijn om haar nagels te knippen? Die zijn lang en keihard, maar haar handen doen zo zeer, zegt ze. Er is ook gele vla in de koelkast. Soms wil ze daar wat van.

Beste dochter, de nagels zijn niet geknipt. Mevrouw was er niet toe in staat. In mijn bijzijn heeft ze vanochtend wel een beetje koffie en de medicijnen gehad. Ze wilde weer niets eten.

Beste thuiszorg, vannacht om halfvier belde mijn moeder mij op, maar toen ik opnam, hoorde ik niets. Ik schrok me dood. Ik kon jullie niet bereiken op jullie 06 en ben dus zelf naar haar toe gegaan. Ze sliep toen ik kwam en was erg verbaasd dat ik in het holst van de nacht ineens bij haar bed stond. Ze had op de telefoon gelegen en die had toen automatisch mijn nummer gebeld. Vanmiddag heeft ze trouwens nog twee minuutjes op de stoel bij de open balkondeur gezeten. Ze wilde wat frisse lucht opsnuiven. Maar wat is jullie alarmnummer? Graag in dit logboek noteren, dank.

Beste thuiszorg, graag niet vergeten om 's avonds de steunkousen uit te doen. Daar lag ze vanochtend nog mee in bed. En nog iets: er liggen soms van die halve pilletjes op haar bedtafeltje. Dat zijn slaappillen, niet weggooien graag. Ze mag zelf weten wanneer ze die neemt en hoeveel, en die hoeven dus ook niet in het weekdoosje. Dank.

Beste nachtzuster, voor het slapen wil ze erg graag eventjes rechtop zitten en een sigaretje roken. Wil je dat alsjeblieft doen? Vandaag was ze erg depressief, maar ik hoop op een rustige nacht. Ook als ze wakker wordt: gewoon een sigaretje geven alsjeblieft, want dat vindt ze lekker.

Beste dochter, mevrouw had erge pijn in de zij, wilde rechtop zitten en heeft een sigaretje gerookt. Dat ging moeilijk. Ze had geen kracht in de handen. Daarna kon ze eerst niet slapen, toen morfine en haldol toegediend. Ze bleef onrustig, net alsof ze druk met iemand in gesprek was. Ze zei alsmaar: Ja! Ja!

Midzomer

Die zondag ben ik de hele dag bij haar. Haar lichaam kan nu niets meer. Ze wil zo graag anders liggen, maar er zijn geen spieren meer die haar lijf in de goede stand kunnen houden. Ik leg een dikke deken achter haar rug, draai het bottige lijfje voorzichtig op de zij, en druk dan stevig de deken ertegenaan.
'Zo beter?' Ze knikt, ogen dicht.
De hele dag ben ik druk bezig met omdraaien, waterstokjes aanreiken, dekens fatsoeneren, op de postoel hijsen en siga-

retjes aanvoeren. Mijn moeder kan de shagjes niet meer zelf vasthouden, dat doe ik voor haar. Ze heeft nog net de kracht om er trekjes van te nemen. Op zeker moment lig ik naast haar in bed en houd haar vast, mijn arm om haar heen. Ze merkt het wel, want ze pakt mijn hand. Verder reageert ze niet. Dichterbij ben ik nooit geweest. Praten doet ze amper meer.

'Ben je er bang voor?

Ze schudt nee. Wijst naar haar mintgroene blouse. Dan pakt mijn moeder het blauwe Mariamedaillon met de baby-haartjes en fluistert: 'Wil 'm toch meenemen.' Ik knik en leg mijn hoofd tegen het hare.

Het is goed zo.

Die zondagavond past mijn ex-man bij haar op, met zijn vrouw. Ik ben rond zeven uur doodmoe van de stress naar huis gegaan. Ik pieker de godganse avond. Hoe moet dat nou morgen als de huisarts komt? Een afspraak maken voor het tijdstip dat ze doodgaat? En hoe reageert mijn moeder daar-op? En hoe zal dat gaan, mijn broer bellen, hij en ik aan haar bed en dan die spuit erin? Ik vind het allemaal maar bizar en weet het niet, wil het niet, zie er als een berg tegenop. Sorry mensen, maar ik moet weg, om acht uur gaan we mijn moe-der een handje helpen. Zoiets? En hoe zitten we er dan bij? En wat moeten we dan nog zeggen?

Zal mijn broer gaan huilen?

Langzaam glijden we allemaal, onontkoombaar, het don-kere water in.

Ik kijk wezenloos tv, zap wat rond. Terwijl ik naar het scherm staar en mijn gedachten mijlenver weg zijn, zie ik dat *Funniest Homevideos* wordt uitgezonden. Mijn blik fixeert zich op het beeld. De dikke kat die van de tv flikkert. 'Gelachen dat ik heb, joh, ik kwam niet meer bij.' Ik krijg een dikke strot en heb het gevoel dat ik voor haar moet blijven kijken, nu zij het niet meer kan. Zal dat straks ook zo gaan?

Ho ho ho! Ze is er nog. Ze is er nog. Ik neem een flinke bel rode wijn, drink met grote slokken. Mijn hoofd voelt alsof het vol zit met heet zand.

Gespannen als een veer maak ik aanstalten om naar bed te gaan. Ik loop de trap op. Mijn hart klopt in mijn keel, mijn spieren staan stijf, ik heb onbeheersbare rillingen. Kleed me uit. Sta om halftwaalf mijn tanden te poetsen en zie mijn witte gezicht in de spiegel, als de telefoon gaat. Op het scherm verschijnt het telefoonnummer van mijn moeder. Ik schrik me wild, heb heel even het absurde idee dat ze mij zelf belt. De onbekende stem van de nachtzuster. 'Ik ben nu een halfuurtje bij uw moeder en ik denk dat u moet komen. De ademhaling wordt een beetje vreemd.'

Het teken. Het is begonnen.

Ik spoel mijn mond, schiet razendsnel een spijkerbroek en een trui aan en spring in de auto. Dan race ik door donkere, stille lanen onder grote bomen door. Het is alsof ik door de duisternis naar mijn moeder word getrokken. Er schiet me dat gedicht te binnen.

Wer reitet so spät durch Nacht und Wind?
Es ist der Vater mit seinem Kind

Erreicht den Hof mit Mühe und Not,
In seinen Armen das Kind war tot

Dan, als ik halverwege een hoek om sla, drijft een loodzware, onzichtbare kracht mij ertoe om in de auto hard te roepen: 'Ga maar, mama, ga maar. Het is goed zo. Toe maar. Mama, mama, ik hou van je!'

Huilend kom ik aan. Ik steek de sleutel in het slot. De zuster staat boven aan de trap. Ze zegt: 'Het spijt me heel erg. Uw moeder is zojuist overleden.'

*

Ik ga de trap op, loop meteen naar haar toe en zie haar liggen in het grote ziekenhuisbed. Hoofd achterover, mond open. Ik zeg: 'Goed gedaan, mama, goed gedaan.'

Ik pak haar hand, die loodzwaar is van dood. Doe een opgerolde handdoek onder haar kin. Streel haar wangen en haar raar geknipte haar. Ik bel mijn broer. Hij is aan het werk, heeft nachtdienst. 'Broertje, het is gebeurd,' zeg ik. Hij belooft de volgende dag te komen, hangt stil op. Ik zal dit dus alleen moeten doen. De nachtzuster zet koffie. 'Dit gaat nog wel even duren,' zegt ze, ervaren als ze is.

Ze verontschuldigt zich nogmaals. Zegt dat ze nog nooit iemand zo snel heeft zien doodgaan en dat we niks mogen doen tot er een dokter is geweest. Ik bel de nachtdienst. Daar krijg ik te horen dat er spoedgevallen zijn en dat de doden even moeten wachten. Dat snap ik wel.

Het geeft me nog een heel uur waarin ik naar haar kan kijken. Daar ligt mijn moeder. Ik voel alsmaar of ze echt dood is. En ik kijk en ik kijk. Ik bel de uitvaartonderneming maar vast.

De tijd die ik moet wachten is eigenlijk heel welkom. Ik

voel me goed bij mijn dode moeder, heel rustig, maar bevatten kan ik het niet.

Dan komt de dokter. Hij condoleert mij en zet een stethoscoop op mijn moeders borst. Luistert. En luistert nog eens. Ik kijk naar het gezicht van mijn moeder en pak haar hand weer. De plek waar die gelegen heeft, op haar buik, is warm. Het zal toch wel waar zijn? Ik informeer of ze wel echt dood is. Hij schrijft een verklaring uit dat ze die avond om 23.40 uur overleden is.

Overleden.

*

De nachtzuster is gelukkig bedreven met dode mensen en vraagt naar de kleding. Ik pak de mooie mintgroene blouse, schoon ondergoed, een papieren luier, een beige T-shirt met lange mouwen, een lange broek en nieuwe sloffen uit een kast waarin wel acht paar van dezelfde staan, allemaal ongebruikt. Ik heb het onnutte idee dat ze het niet koud mag hebben. Samen met de vriendelijke, rustige uitvaartmevrouw kleedt de hulp mijn moeder behendig uit. Ze hangt willoos in hun armen, zoals je dat ziet op plaatjes van Jezus die van het kruis wordt gehaald. Ik pak de lakens, waarin een zware, warme plas ligt, onder haar weg. Ze wassen haar. Mijn blote witte moedertje, zo alleen en schonkig in dat grote bed. De magere billen, de dunne schoudertjes, de nutteloze haartjes op haar hoofd. Ik kijk tegen haar blote borsten en geslachtsdelen aan en ik voel alleen maar mededogen. Ze wrijven haar zachtjes en ook liefdevol van top tot teen in met rozemarijnolie. Het lichaam laat het zich slap gebeuren. Ik help haar aan te kleden. Doe de blouse zoveel mogelijk omhoog bij haar kin, 'want ik wil niet dat ze die rare magere nek zien, ik wil er netjes bij liggen'. Haar zilveren armbandjes laat ik haar om houden. Daar ligt ze dan. Strak gezicht. Mooi gezicht. Het wordt stil. Ik neem haar in me op en kan het nog steeds niet begrijpen.

Ze is dood. Een dode moeder. Nooit meer. Voor altijd afgelopen. Er is een donkere, verwegge wereld met de Ooievaarsweg, de banketbakkerij van Lieuwma, de nonnen, de stille straten van Noord, het kleine huis, de grote bank, de leesmap, hoedjes plakken, mijn vader, Treesje 1. Daar waren we samen.

Nu zij daaruit weg is, zal ik er voortaan reddeloos in mijn eentje ronddolen.

Zachtjes bespreek ik met de uitvaartmevrouw de laatste regelzaken. Ik krijg de enveloppen voor de rouwkaarten. De bel gaat. Er staat een grote, grijze limousine in de nachtelijke straat. Ze komen haar halen. Een man en een vrouw in donker uniform komen binnen. Kijken ernstig. Condoleren. Ze constateren dat de kist niet door het trapgat kan en gespen haar in een brancard die helemaal dicht kan, ook over haar hoofd. Het is maar goed dat ze dood is, want ze was erg bang in het donker, en ook in afgesloten ruimtes. Ik geef hun het blauwe Mariamedaillon met de haartjes erin en zeg dat ze die in haar hand moet hebben als ze in het uitvaartcentrum in de kist komt. De onderste hand, op haar borst, zeg ik er nog bij, anders valt hij er misschien uit. De man stopt het medaillon in zijn borstzak en maakt er een aantekening van.

Dan de trap af. Ik loop mee en zie hoe de brancard met mijn moeder erop voorzichtig in de auto wordt geschoven, naast de kist. Ik mag wel meerijden om haar weg te brengen, zeggen ze, maar dat wil ik niet. De auto glijdt weg. Dan ga ik weer naar boven, waar een leeg bed staat met een opengeslagen dekbed. Een flesje morfine, een doosje slaappillen, haar waterbekertje met sponsjes, het wekkertje, de weekdagendoos van de pillen, een pakje shag, een asbak vol peuken, de aansteker, een stapel vieze lakens en een muffe pyjama, de postoel. Op tafel liggen recepten en het logboek van de thuiszorg. De nutteloosheid van al die dingen schreeuwt me tegemoet. Dan gaat iedereen weg. Het huis is leeg en oorverdovend stil. Mijn moeder ligt inmiddels geurend naar rozemarijn in een koele ruimte in een kist, in haar mooie blouse en met de verbleekte haartjes van haar dode kindje. Ik ga naar huis. Ik wil in mijn moeders huis nu niet alleen zijn.

Thuis kan ik niet slapen, het is inmiddels halfvijf 's ochtends. Merels fluiten in de tuin, het wordt vast een mooie dag. Ik besluit alvast de enveloppen te gaan schrijven. Het moet de wereld nu eenmaal verteld worden.

Mijn moeder, mijn kind. Ze is dood.

Wat blijft, is liefde.